글누림 문화콘텐츠 총서 13 | e-러닝과 에듀테인먼트

저자 소개

이종철 호서대학교 한국어문화학부 교수
강현구 호서대학교 한국어문화학부 교수

글누림 문화콘텐츠 총서 13
e-러닝과 에듀테인먼트

초판 인쇄 2007년 8월 16일
초판 발행 2007년 8월 24일
지은이 이종철 강현구
펴낸이 최종숙
편집 권분옥 이소희 양지숙
펴낸곳 도서출판 글누림
주소 서울 서초구 반포4동 577-25 문창빌딩 2층
전화 3409-2055
팩시밀리 3409-2059
등록 2005년 10월 5일 제303-2005-000038호
전자우편 nurim3888@hanmail.net
값 7,500원
ISBN 978-89-91990-56-2 03370

글누림 문화콘텐츠 총서 13

e-러닝과 에듀테인먼트

이종철 강현구 공저

글누림 문화콘텐츠 총서 발간에 부쳐

    호서대학교 문화콘텐츠 연구 역량이 결집된 글누림 문화콘텐츠 총서 발간을 진심으로 축하합니다.

    지금 우리 주변에는 창의적이고 도전적인 선구자들이 새로운 학문을 개척하는 모습을 많이 볼 수 있습니다. 특히 환경이 악화되고, 사회가 복잡해지면서 인류의 정체성 문제가 새로운 물음으로 대두되고 있습니다. 이제 인류의 미래와 번영에 대한 문제는 단순히 미래학자들의 몽상 속에서 등장하는 물음이 아니라 인류의 생존을 가늠하는 현실적인 문제가 되었습니다. 이런 중에 문화에 대한 탐구는 21세기 학문의 가장 빛나는 중심이 될 것이라고 믿어 의심치 않습니다.

    이번에 발간되는 2차 글누림 문화콘텐츠 총서는 이와 같은 학문 내·외적 물음에 대하여 우리 대학 연구자들이 마련한 성실한 답변서라고 할 수 있습니다. 이 총서가 우리 대학을 세계적인 명문대학으로 성장시킬 'World Class 2030 Project'의 한 부분이 될 것을 기대합니다.

    지난 1차 글누림 문화콘텐츠 총서에 이어 미개척의 학문 분야인 문화콘텐츠 분야에 대한 도전적이고 창의적인 정신을 실현한 우리 대학의 문화콘텐츠 총서 기획단, 집필진 여러분의 노고와 결실에 다시 한번 경의를 표합니다.

호서대학교 총장   강 일 구

EDITOR'S NOTE

문화가 21세기를 이끌 새로운 분야로서 등장하기 시작한 것은 얼마 되지 않았는데, 지금은 학문의 중심 테마로 자리 잡아가고 있다. 산업 분야에서는 21세기의 새로운 지식 산업으로서 문화 산업이 이제는 당당한 한 자리를 차지하고 눈부시게 성장하고 있는 것을 확인할 수 있다.

이러한 현상은 근대 학문 체계에 대한 회의와 맞물려 있는데, 이 점도 주목해야 할 것이다. 이미 20세기 후반기부터 각 분과 학문의 학문 분류 체계에 대해 회의하기 시작했고, 한편으로는 개별 학문을 넘어선 통합 학문을 지향하거나, 학문 간 연계를 강화한 이른바 학제 간 학문이 강조되었으며, 다른 한편으로는 학문의 근본 요소에 대한 성찰도 강화되었다.

이러한 경향은 학문의 정체성 찾기와 학문의 보편성, 그리고 학문 제도에 대한 근본적 반성과 새로운 학문 제도의 형성이라는 다소 상반되고 혼란스러운 현상으로 나타나고 있다. 이것은 그 동안의 각 분과 학문이 개별적이고 고립된 대상에 대한 연구였다는 고백과 반성으로 요약할 수 있다.

여러 학문 중에서 특히 인문학은 인간과 인류에 대한 탐구라는 점에서 이와 같은 새로운 학문적 경향을 선도하는 역할을 해야 한다. 그러기 위해서 인문학은 개인, 고립된 주체에 대한 탐구를 지양해야 한다.

흔히 인간은 생각하는 동물이라고 한다. 인간은 생각하는 능력 때문에 동물과 다른 변별적인 특성을 갖는다는 말이다. 이와 같이 인류라는 한 집단이 다른 동물종들의 집단과

구별되는 변별적인 특징들도 찾아 볼 수 있을 것인데, 그 여러 가지 중에서 문화는 가장 중요한 변별적 특질이라고 할 수 있다. 인류는 다른 군집과는 다른 그들만의 독특한 문화를 만들어낼 수 있다. 인류를 인류로서 구별하게 하는 이 문화가, 인류의 사고하는 능력에 못지않게 중요한 인문학의 테마로 부각되는 이유가 거기에 있다.

우리 대학은 기독교 정신과 벤처 정신으로 성장하는 학교이다. 기독교 정신은 나와 하나님, 인류를 사랑하는 정신이다. 벤처 정신은 창의적인 도전이고 한 걸음 더 나아가는 모험의 정신이다. 우리 대학은 이러한 정신을 산학 연계와 교육에서 실현하고자 애썼고, 어느 분야에서는 일정한 정도의 그 선도적 의의를 인정받고 있다. 이제는 이러한 역량이 학문 분야에서도 실현되어 학문을 선도할 때가 되었다. 문화의 탐구, 문화콘텐츠의 생산이 바로 그것이다.

이미 1차 총서에서 천명한 바와 같이 이 총서는 '교양 있는 일반인'을 위한 '문화콘텐츠'의 학술적 동향을 안내하는 것이 그 목적이다. 쉽고 간결한 문체를 선택하고, 그림과 도표로써 이해를 돕도록 하며, 설명을 위한 최소한의 주석만 넣는 등의 편집 지침은 이전과 동일하다. 선정이 까다롭고 지원이 크지 않았음에도 불구하고 연구 성과가 풍성했다. 향후 3차 총서에서도 21세기 학문을 반성하는 문화학의 테마와 그의 산학적 실천이라는 문화콘텐츠 생성에 보다 의미 있는 저작이 풍성하게 결실하기를 희망한다.

호서대학교 한국어문화학부 김성룡

PROLOGUE

국가 및 개인 경쟁력의 원천이자 보고인 교육과 학습은 최근 중요한 전환의 계기를 맞고 있다. 과학기술의 발전과 새로운 세대의 등장 등과 관련하여 교육 및 학습의 방식과 내용이 달라지고 있으며, 적절하고 신속한 대응이 생존전략이 된 상황이다. 그런 변화의 핵심에 컴퓨터와 인터넷 기술을 적절히 활용하고 재미있게 학습하려는 데 목적을 둔 e-러닝(e-Learning)과 에듀테인먼트(Edutainment)가 있다.

최근의 지식정보화 사회에서 기존의 정치·경제·사회·문화 등의 모든 분야가 급격하게 변화하고 있고, 교육의 분야에서도 기존의 패러다임을 검토하여 수정할 필요가 있게 되었다. 지식정보화 사회에서는 지식과 정보가 폭발적으로 팽창하고 있고, 사람들은 컴퓨터로 연결된 네트워크 – 인터넷을 통하여 새로운 지식과 정보에 쉽게 접근할 수 있게 되었다.

e-러닝은 인터넷을 활용하는 교육으로서 도입 초기에는 기업 교육을 중심으로 시작되었으나, 최근에는 초·중등교육과 고등교육 현장에서도 언제 어디서나 배울 수 있는 e-러닝 기반의 학습 환경이 많이 조성되고 있다. e-러닝은 디지털 콘텐츠 산업 및 기타 연관 지식산업 분야의 활성화에도 지대한 영향을 미치고 있어서, 여러 선진국에서도 e-러닝을 핵심정책으로 추진하고 있다.

요즈음 e-러닝과 관련하여 논문과 서적 등의 연구 업적들이 많이 발간되고 있고, 각각의 연구물들은 그 나름대로의 연구 범위와 방법을 보여주고 있다. 그런데 e-러닝이 실제 수업으로 이루어지기 위해서는 수업 내용에 적합한 e-러닝의 교수·학습 모형이 구안되어야 하는데, 종래의 저서들은 이것에 대하여 체계적으로 소개하지 못한 점이 있다. 제1부에서는 이것과 관련된 최근의 논저들을 최대한 많이 수집하고 정리하여 체계적으로 제시하려고 했다. 제1부에서 참고한 e-러닝 논저들을 쓰신 분들께 깊은 감사를 드린다.

이어서 제2부에서는 최근 교육 및 문화콘텐츠 영역에서 가장 중요한 화두로 등장하고 있는 에듀테인먼트를 다루었다. 에듀테인먼트(Edutainment)란 대표적인 경성문화인 교육에 연성문화인 오락을 접목한 것이다. 지식 및 정보의 습득, 즉 학습활동에 흥미를 유발하는 오락적 요소를 가미한 것이다. 풍요롭고 여유로운 환경 속에서 성장하고 오락적 흥미에 익숙한 신세대에게 적합하도록, 아울러 최근에 눈부시게 성장한 멀티미디어 기술을 적절히 활용하도록 교육의 방식과 내용을 바꿔보자는 것이다.

현재 에듀테인먼트는 과학, 수학, 경제학, 어학, 교양 등 모든 영역의 지식과 정보를 게임, 추리물, 만화, 애니메이션 등으로 제작하는 형태로 나타나고 있으며, 오프라인과 온라인에 걸쳐 급속하게 확산되고 있다. 이미 이 분야에서 선두를 달리고 있는 미국의 눈부신 활약을 보면, 지식 및 정보의 유연한 확산과 관련하여 국가의 경쟁력 제고뿐만 아니라 산업적으로도 유망한 분야를 선점하고 있다는 느낌을 지울 수 없다.

우리의 경우도 최근에 이 분야에 대한 관심이 높아지면서 주목할 만한 출판물이나 영상물 등이 탄생했지만 아직은 만족할 만한 성과를 거두지 못하고 있다. 따라서 제2부에서는 에듀테인먼트의 현 실태와 창작방법론을 살펴보려고 한다. 논의의 구체성을 위해 최근 국내외적으로 성공한 에듀테인먼트의 실례를 살펴보고 그것을 통해 경쟁력 있는 에듀테인먼트 개발을 위한 창작방법론을 모색하려 한다.

특히 에듀테인먼트 출판물과 영상물의 개발과 관련하여, 지식과 정보를 포장하는 오락의 형태로 제시되는 만화, 게임, 동화, 애니메이션 등에서 추리물이나 가상 역사소설의 활용, 영웅모험담의 서사구조 차용, 스토리텔링 방식의 다양한 실험 등과 같은 인문학 혹은 문학창작론과 관련된 사실이 중요하다는 점을 주목하고자 한다. 만일 이 논의가 깊이 있게 진행된다면 그것은 경쟁력 있는 에듀테인먼트 개발을 위한 창작방법론의 일단을 구축함과 동시에 인문학의 외연을 넓히는 데에도 기여할 수 있을 것이다.

2007년 8월, 새로운 교육을 기다리며 저자 이종철, 강현구

CONTENTS

e-Learning

(1) e-러닝의 등장과 개념

❶ e-러닝의 등장

앨빈 토플러를 비롯한 많은 지식인들이 1970년대 초부터 산업사회와는 다른 사회가 도래하고 있다고 주장하였다. 그들은 이 새로운 사회를 제3의 물결, 후기산업사회, 정보사회, 지식사회라고 불렀고 정보와 지식의 사용을 이 사회의 가장 중요한 특징으로 들었다. 오늘날 우리들은 흔히 이 시대를 지식정보화 시대라고 부른다.

지식정보화 시대의 배경에는 경제적으로는 생산성을 향상시키기 위한 해결책의 일환으로 컴퓨터와 컴퓨터 통신에 의한 정보화의 필요성이 있고, 사회적으로는 개인들이 자아실현에 필요한 정보에 대한 욕구를 다양하게 추구하는 성향이 있고, 과학기술적으로는 정보통신 과학과 기술의 발전으로 컴퓨터의 기능이 향상되고 가격이 저렴하게 되어 기능 좋은 컴퓨터가 사회에 널리 보급되었다는 요인이 있다.

지식정보화 사회에서 기존의 정치·경제·사회·문화 등의 모든 분야가 급격하게 변화하고 있고, 교육의 분야에서도 기존의 패러다임을 검토하여 수정할 필요가 있게 되었다. 기존에는 교육자가 피교육자에게 가르쳐야 할 내용에 대해 가능한 한 많이 알고 있고, 가르쳐야 할 내용을 잘 정리하고 전달하여 피교육자들이 효과적으로 이해하고 기억할 수 있도록 하는 것이 교육에서 매우 중요한 일이라고 생각했다. 그런데 지식정보화 사회에서는 지식과 정보가 폭발적으로 팽창하고 있고, 사람들은 컴퓨터로 연결된 네트워크 – 인터넷을 통하여 새로운 지식과 정보에 쉽게 접근할 수 있게 되었다. 새롭게 등장한 지식과 정보가 빠르게 유통되는 사회에서는 과거에 습득한 지식과 정보가 유용한 기간은 급격하게 짧아질 수밖에 없다. 끊임없이 새로운 것을 학습하고 이를 바탕으로 새로운 지식을 만들고 활용해야 하는 시대에는 교육자가 잘 정리된 지식을 정리하여 피교육자에게 전달하는 기존의 방식은 유용도가 많이 떨어지게 되었다.

지식정보화 시대에는 지식과 정보가 급속하게 변하고 있기 때문에 지속적인 교육이 필수적이다. 이미 학교교육을 끝마친 일반 직장인들의 경우에도 지식정보화 시대에서 능력이 있는 사람으로 인정받기 위해서는 새로운 지식, 정보, 그리고 기술을 습득하는 것이 필수적으로 요구된다. 이런 새로운 교육 패러다임이 요구되는 시대적 상황과 더불어 두 가지의 흐름이 맞물려서 새로운 방향으로 교육의 전환을 촉진시키고 있다. 먼저, 이론적인 입장에서는 80년대 중반부터 대두되기 시작하여 현재의 교육 방향과 환경에 거대한 영향을 끼치고 있는 구성주의(constructivism)라는 학습자 중심의 학습이론의 등장이다. 다른 한 흐름으로는 컴퓨터로 대표되는 최첨단 정보통신 기술의 급속한 발전이다. 즉, 지식정보화 시대에 요구되는 새로운 교육 패러다임은 구성주의라는 이론적 축과 컴퓨터 네트워크 중심의 정보통신 기술의 기술적 축이 원동력이 되어 실천되고 있고, 원격 교육의 당위성을 크게 부각시키고 있다(강인애, 1996).

Romiszowski(2004)는 교수자와 학습자가 물리적으로 떨어져 있으면서 교육이 이루어지는 상황, 즉 원격교육을 시대적 흐름에 따라 4개의 '세대' 또는 '물결'로 규정하여 제시하였다. 제1세대는 우편에 의한 교육의 형태, 제2세대는 라디오, 텔레비전 등과 같은 대중매체 기반에 의한 형태, 제3세대는 컴퓨터를 중심으로 다양한 매체들이 통합된 멀티미디어 학습시스템을 통해 이루어진 형태를 의미한다. 그리고 인터넷과 전자통신 매체를 통해 이루어지는 e-러닝이

제4세대에 해당한다(김희배 외, 2005).

　e-러닝은 도입 초기에는 기업 교육을 중심으로 시작되었으나, 최근에는 초·중등교육과 고등교육 현장에서도 언제 어디서나 배울 수 있는 e-러닝 기반의 학습 환경이 많이 조성되고 있다. 우리나라 e-러닝 산업의 시장 규모가 2004년에 1조 3천억 원 정도이고 2010년까지 연평균 19.2%의 증가율을 보일 것이며(한국사이버교육학회, 2005), 교육 분야에서도 e-러닝이 차지하는 비중이 지속적으로 확대되고 있으니, 국내에서도 e-러닝 산업과 교육시장이 매우 활발하게 움직이고 있다는 것을 알 수 있다. e-러닝은 학교교육 측면에서는 교육의 내용과 방법의 혁신·기회 제공·경쟁력 강화를 가져다주고, 평생교육의 측면에서는 새로운 지식을 상시적으로 제공받을 수 있는 학습체제를 구현한다는 의미를 지닌다. 그런데 이와 더불어 디지털 콘텐츠 산업 및 기타 연관 지식산업 분야의 활성화에도 지대한 영향을 미치고 있어서, 여러 선진국에서도 e-러닝을 핵심정책으로 추진하고 있다.

　e-러닝이 우리나라에서 본격적으로 관심을 받게 된 것은 90년대 중반 이후 멀티미디어 환경과 인터넷이 결합한 월드와이드웹(www)이 일반화되고 초고속 통신망이 확산된 때부터라고 할 수 있다. 1999년부터 노동부 인터넷통신훈련의 시행으로 안정된 시장을 확보해 산업적인 기반을 형성하기 시작했다. 그러면서 대기업을 중심으로 점차 e-러닝의 도입이 증대되었고 2001년 사이버대학이 정식으로 개교함에 따라 e-러닝 시장은 크게 성장하기 시작했다. 2004년에 한국사이버교육학회 이러닝정책포럼위원 일동으로 '이러닝비전 2004'에서 작성한 'e-러닝 헌장'은 우리나라에서도 e-러닝이 매우 중요한 위치를 차지하게 되었다는 것을 말해준다. 그 헌장은 다음과 같이 기술되어 있다(한국사이버교육학회, 2005).

인간은 태어난 이후 학습을 통해 더 나은 삶을 영위하고자 꾸준히 노력해 왔다. 행복한 변화를 위해 평생을 거쳐 학습을 하는 과정에 인터넷 등 정보통신 기술의 발달로 언제, 어디서나 자유롭게 학습할 수 있는 시기가 도래해 이제 e-러닝은 개인 및 조직의 발전에 있어 핵심적인 학습전략으로 부상하게 되었다.

이에 e-러닝으로 삶의 질 향상뿐만 아니라 우리나라가 21세기 글로벌 지식사회의 선도국가로 도약하는 데 기여하고자 아래와 같이 노력한다.

① e-러닝이 개인을 비롯한 조직 및 국가적인 차원의 지식확산 전략이 되도록 노력한다.

② e-러닝을 통해 지역, 계층간 학습 격차 해소에 기여한다.

③ e-러닝을 통해 수요자 중심의 새로운 학습 패러다임을 창출하도록 노력한다.

④ e-러닝으로 교육개혁 완수 및 국가 인적자원 개발에 기여한다.

⑤ e-러닝이 차세대 고부가가치 지식산업으로 성장하도록 노력한다.

e-러닝의 등장은 교육환경을 구성하고 있는 모든 구성 요소나 요인의 유기체적 혹은 시스템적 변형을 필요로 한다. 흔히 학습 활동을 둘러싸는 요소로서 학습자, 교수자, 학습 환경(학습 내용, 활동, 그리고 도구로서의 테크놀로지)을 들 수 있고, 그것을 좀 더 확대하면, 부모 및 학교 조직(행정)을 포함시킬 수 있는데, 이들 관계는 서로 긴밀하게 상호 연결되고 영향을 주고받는 관계를 이루고 있다. 물론 이전에도 어떤 새로운 요소의 추가나 변화-라디오나 TV를 이용한 수업 형태의 도입 혹은 더 나아가 CAI(computer-assisted instruction : 컴퓨터 보조 학습)의 도입-에 따른 학습 환경의 변화는 있었지만, 그것은 교사, 학생, 학습 평가, 학습 환경과 같은 다른 요소들의 변화까지를 동반하는 시스템적 변화의 시각으로 접근하지 않았기 때문에, 이들의 도입은 말 그대로 새로운 '도구'의 첨가에 불과했다. 그러나 디지털 시대와 더불어

등장하기 시작한 학습 테크놀로지의 등장은 그 영향력의 강도와 심도에서 단순한 '변화'가
아닌 '진화' 또는 '변형'이라고 일컬을 수 있을 만큼 완전히 새로운 패러다임으로의 변화를
요구하고 있다(강인애, 2006).

삼성 CS Academy의 e-러닝 사이트 초기 화면

❷ e-러닝의 개념

　지식정보화 시대에 발달된 정보통신 기술을 활용한 교육과 관련된 용어들로 컴퓨터 기반 (computer-based) 교육, 웹 기반 학습(web-based instruction), 온라인 교육, 인터넷 활용 교육, 가상 학습(virtual classroom), 사이버 교육(cyber learning), 원격 교육(distance learning), ICT(information and communication technology) 활용 교육 등이 있다. 이들 용어들은 강조하는 측면이 달라 의미상 다소 차이가 있으나 공통점이 많아, 유의어처럼 사용될 수 있다. 최근에는 e-Business란 용어와 함께 e-Learning이란 용어가 많이 사용되고 있다.

　e-러닝의 개념을 문자 그대로 설명하면 전자적인 기술(e)과 교육(Learning)이 합쳐진 것으로 전자적인 기술을 기반으로 한 교육을 의미한다. 그런데 앞에서 살펴보았듯이 이것과 관련된 용어들이 다양하게 사용되는 것은, 현재 e-러닝의 개념이 사용자 또는 강조점에 따라서 다양하게 설정될 수 있다는 것을 말한다. 예컨대 e-러닝을 활용하고 있는 기업교육 분야에서는 e-러닝을 규정하는 데 업무수행이나 성과, 수행 관리 등을 포함시키는 경향이 있고, 학교교육 분야에서는 학습자나 학습방법에 초점을 맞춰 e-러닝을 규정하는 경향이 있다. 또한 e-러닝의 강조점에 따라서 '전자적인 기술(e)'이란 부분을 강조하여 대부분의 전자 매체의 교육적 활용을 e-러닝으로 보는 광의의 견해와 온라인 교육이나 웹 기반 테크놀로지를 활용한 교육을 e-러닝으로 보는 협의의 견해로 나누어질 수 있다.

　e-러닝과 관련하여 요즈음 m-러닝, u-러닝이란 용어도 등장하였다. m(mobile)-러닝을 제안하는 사람들은 이것은 e-러닝과 달리, PDA, Table PC, 노트북, 휴대폰, 게임기 등과 같이 '개인

이(personal)'이 '몸(손)에 지니고 다닐 수 있고(portable)', 따라서 '이동성(mobility)'이 있는 '무선의(wireless)' 매체들을 활용한 교육을 의미한다고 한다. m-러닝이 구체적인 모바일 기기를 사용해 e-러닝과 조금은 다른 유형의 학습이라고 하는 반면에, u-러닝은 구체적인 실체가 있는 것이라기보다는 '유비쿼터스(ubiquitous)'라는 개념을 기반으로 하는 개념적 접근이다. 이것은 앞으로 도래할 IT 세계의 새로운 패러다임으로서, Mark Weiser(1991)에 의해서 처음 소개되었다. 그에 따르면 유비쿼터스는 새로운 컴퓨터 관련 도구나 기술 발전을 의미하는 것이 아니라, 인간과 기술 간의 상호작용에서의 새로운 기술적 패러다임을 일컫는 것으로서, 지금껏 '전면'에 나와 있던 기술, 매체, 도구를 '배경'으로 돌리고 기술, 매체, 도구가 일상생활에 완전히 스며들게 되어 구분조차 되지 않은 상태를 의미한다. 즉 이것은 과거의 기술 중심적 컴퓨팅에서 인본주의적 컴퓨팅 패러다임으로의 전환을 의미한다(강인애, 2006). e-러닝과 구별하여 사용되기도 하는 m-러닝은, 요즘은 정보통신 기술의 발달로 무선 인터넷의 사용이 가능하고 방송과 통신의 구별이 모호해지고 있으므로, e-러닝의 범주에 포함시켜도 무방하겠다. 그리고 u-러닝은 인간, 컴퓨터, 네트워크가 조화롭게 융합된 시대를 기반으로 하는 것이므로 e-러닝의 미래의 형태라고 볼 수 있다.

e-러닝에 관한 국내외 학자나 기관의 주요 개념 정의들을 제시하면 다음과 같다(임병노, 2004).

- e-러닝은 단순히 e-Training이 아니며, 교육, 정보, 커뮤니케이션, 훈련, 지식관리, 그리고 수행관리를 포함하는 아치형 우산과 같은 개념이다. e-러닝은 정보와 지식을 원하는 사람이 언제, 어

디서나 그것에 접할 수 있도록 해 주는 웹 기반 체제이다(Cisco사의 정의, http://www.cisco.com).

- e-러닝이란 인터넷 기술을 이용하여 지식과 수행을 향상시키기 위해 다양한 유형과 범위의 학습활동 및 지원을 전달하는 활동이다(Rosenberg, 2000).
- e-러닝이란 인터넷과 디지털 기술을 이용하여 학습자들에게 효과적·효율적으로 학습할 수 있는 제공을 함으로써 다양한 학습경험을 제공하는 것이다(Horton, 2001).
- e-러닝이란 정보통신기술을 활용하여 언제 어디서나 누구나 수준별 맞춤형 학습을 수행할 수 있는 체제이다(한국교육학술정보원, 2004).
- e-러닝이란 최근에 등장한 용어로서 전자적인 매체를 기반으로 하는 모든 학습에 적용 가능한 용어이다. e-러닝은 인터넷을 기반으로 상호작용을 극대화함으로써 분산형의 열린 학습 공간을 추구하는 교육 유형이라 할 수 있다(이인숙, 2002).

이렇게 e-러닝에 대한 다양한 관점과 의견이 존재하고 있는 현 시점에서 e-러닝에 대한 명확한 정의를 내리기는 어려운 일이다. 그래서 종합적인 관점에서 몇 가지 중요한 특징을 추출하여 제시해 보면 다음과 같다(김희배 외, 2005).

① e-러닝은 학습자의 능동적 참여가 요구되는 교수적 활동이면서도 동시에 다양한 학습경험이 가능한 학습 환경이다.
② e-러닝은 컴퓨터를 중심으로 한 인터넷 기술이 핵심이면서도 최근에는 인터넷이 가능한 다양한 이동용 전자매체 및 정보통신기술에 의해서도 구현된다.
③ 이러한 e-러닝 구현 매체들은 언제, 어디서, 누구나 쌍방향 상호작용이 가능한 융통적 접속환경을 반드시 제공해야 한다.

e-러닝의 개념화는 e-러닝에 접근하는 주체마다 서로 다른 기대를 하면서 개념화를 수행하

려는 경향이 있는데, 이것들을 정리하면 다음 4가지 유형으로 나누어 볼 수 있다(이상영 외, 2004).

① 전자매체를 통한 학습

e-러닝의 개념과 관련하여 가장 폭넓은 정의는, e-러닝이란 전자매체를 활용한 모든 학습활동이라고 보는 입장이라고 할 수 있다. 이러한 입장은 학습활동에서 전자매체의 활용 여부에 따른 것으로 이때 아날로그방식이나 디지털방식을 포함하여 학습활동에의 활용 여부가 중요시 된다. 이렇게 e-러닝을 개념화할 때 e-러닝의 범주에 포함되는 전자매체를 활용한 학습활동은 매우 다양하다.

② 컴퓨터 및 네트워크 기술기반의 학습

컴퓨터 및 네트워크 기술기반의 학습이란 전자매체를 활용한 모든 교수·학습을 e-러닝으로 개념화하는 지나친 일반화를 극복하고 보다 구체적으로 컴퓨터와 네트워크가 제공할 수 있는 기능에 초점을 맞추어 e-러닝을 개념화하려는 시도라고 할 수 있다. 이러한 개념화의 중요한 특징은 디지털화된 콘텐츠를 네트워크를 통하여 학습하는 것이다. 소위 웹 기반 학습이라는 것이 바로 이러한 개념의 e-러닝의 한 사례이고, 모든 교수·학습 활동이 디지털화된 네트워크상에서 발생한다는 점에서 본래적 의미의 e-러닝이라고 할 수 있다.

③ 새로운 학습유형으로서 e-러닝

e-러닝을 새로운 학습유형으로서 개념화한다는 것은 교육주의로부터 학습주의로의 패러다임 변화를 반영하여 학습자의 자기주도적 학습활동을 강조하려는 입장이라 할 수 있다. e-러닝이라는 단어에서 러닝에 초점을 맞추어 보면 학습자는 정보통신기술의 인프라가 제공하는 학습지원환경 하에서 자신의 학습을 주도해 갈 수 있게 되는데 학습내용, 학습방법 등 모든 측면에서 자기 스스로 선택하고 책임지게 되기에 기존의 면대면 학습상황에서는 경험하지 못했던 사이버 체계상에서만의 학습경험을 하게 된다. 이렇게 새로운 학습행동으로서의 e-러닝은 특히 구성주의적 입장을 지지하기도 하는데 그 이유는 학습자의 지식 구성활동을 촉진하는 가장 강력한 인프라 구축의 구체적 모습이 바로 e-러닝을 통해서 가능하기 때문이다.

④ 새로운 교육체제로서의 e-러닝체제

e-러닝을 새로운 교육체제로서 개념화한다는 것은 e-러닝을 하나의 학습유형 정도나 전자매체를 활용한 매개된 교육으로 개념화하는 것과는 달리 기존의 면대면을 중심으로 한 교육체제에 대한 대안을 구상하는 것과 관련이 있다. 대안으로서의 교육체제란 기존의 면대면 교육체제에서 벗어나 순수하게 사이버공간을 통해서만 교수·학습 활동을 실시하는 사이버고등학교나 사이버대학 등을 의미하게 된다. 또한 기업교육과 관련해서는 면대면의 강의실 중심의 연수를 하는 틀에서 벗어나 모듈 또는 과정 단위의 수업체제를 학습자에게 제공하고 학습자의 학습을 지원하며 그 결과를 평가하여 조직의 수행 향상에 도움을 주려는 시도도 새로운 교육체제의 사례라고 할 수 있다.

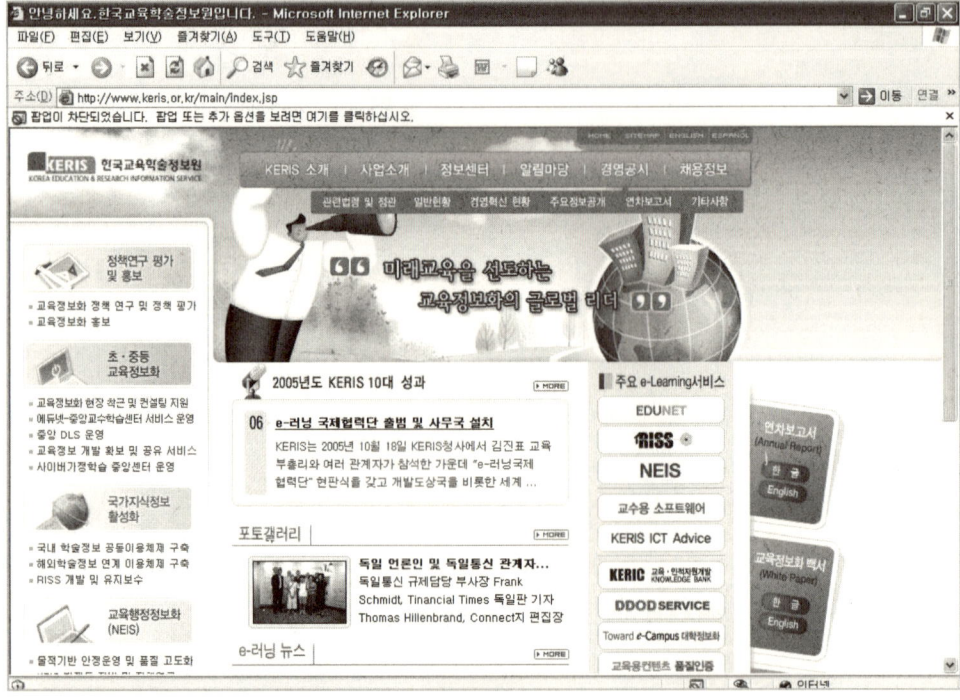

학교교육에서 e-러닝을 주도적으로 연구하는 KERIS의 초기화면

(2) e-러닝의 동향과 보완점

❶ e-러닝의 동향

e-러닝의 동향은 주로 현재의 동향을 가리키는 것인데, 현재의 동향은 과거의 활동과 밀접한 관계 속에서 발생하는 것이므로, 먼저 e-러닝의 일반적인 발전 단계, 우리나라의 발전사에 대해서 기술해 본다. 이 분야에 대하여 이희수(2005)에서 체계적으로 잘 설명되어 있어 이것을 주로 참조한다.

e-러닝의 발전 단계는 크게 세 단계로 나누어진다. 1단계는 도입기로서 기술발전에 의한 e-러닝을 도입하는 시기다. 인프라 구축과 이를 활용하는 ICT 활용 능력에 초점을 맞췄다. 2단계는 조정기로서 LMS(learning management system)를 구축하고 콘텐츠 간의 상호 처리 문제와 표준화하려는 기술 개선의 노력이 있었다. 또한 하드웨어 중심의 투자에서 콘텐츠의 질에 초점을 두기 시작하였다. 3단계는 도약기로서 e-러닝에 대한 인식이 교육 혁신의 기회를 제공하는 도구로 전환되며 e-러닝 활성화를 통한 국가 인적 자원 개발을 추진하는 시기이다. 우리나라를 포함한 e-러닝의 세계적 동향은 초기의 거품기를 지나, 이상과 현실을 조율하는 조정기에 있으며, 새로운 가치창출을 기대할 수 있는 시장이 점차로 활성화되고 있는 국면에 진입하고 있다.

우리나라 e-러닝은 1980년대 시청각 교육, 1990년대 CAI(computer-assisted instruction), 컴퓨터 활용 교육, 인터넷 활용 교육, 2000년대 ICT 활용 교육에서 e-러닝에 이르기까지 기술 중심과 정부 주도 발전의 역사적 궤적을 그리고 있다. 좀더 구체적으로 보면 1990년대 중반까지는 독립형 PC(standard-alone PC)를 활용한 컴퓨터 보조수업(CIA)의 형태로 발전했고, 1996년 PC통신 및 웹의 대중화를 토대로 교육정보종합서비스 에듀넷을 개통하여 웹기반 교육의 초석을 마련했고, 2001년부터 시작된 ICT 활용교육의 활성화로 웹을 포함한 정보통신기술의 통합적 적용·활용을 통한 교수·학습 방법의 개선을 도모하기 시작했고, 2004년 EBS 수능강의 서비스를 개통함으로써 e-러닝 체제가 도입되기 시작했다.

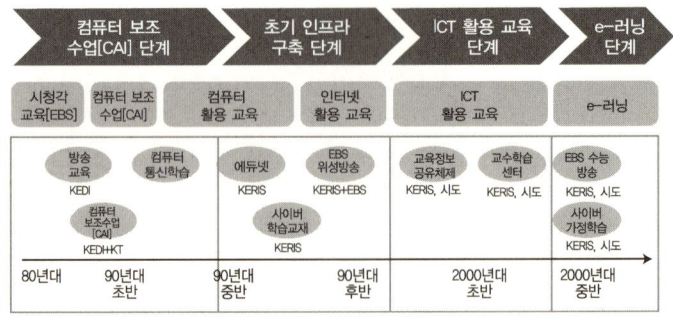

우리나라 e-러닝의 발전사

위의 그림은 이희수(2005)에서 인용한 것인데, 이것보다 더욱 다각적이고 상세하게 작성된 것은 한국교육학술정보원(2004)의 'e-러닝 발전 체계도'이다. 'e-러닝 발전 체계도'는 단위 서비스 기반, 통합 서비스 기반, 학습용 콘텐츠, 방송자료 서비스, 교수·학습 방법 등 5가지 요소가 연대에 따라 인프라, 서비스 이용자, 매체 간의 상호 연동성의 측면에서 어떠한 위치에 있는가를 보여준다.

세계 e-러닝 시장 현황을 보면, e-러닝 소프트웨어 및 수요자 시장을 비롯하여 e-러닝과 관련된 해외시장의 규모가 급격하게 성장하는 추세에 있다. 미국, 일본, 유럽연합을 비롯한 주요 선진국에서는 국가적인 차원에서 e-러닝을 적극 지원하고 있다. 특히 e-러닝 산업을 국가의 주요 부가가치산업으로 인식하여 e-러닝 산업발전과 품질관리를 포괄하는 중장기 비전을 제시하는 등 국가적인 차원에서 적극적으로 e-러닝 육성정책을 펼치고 있다. 세계 e-러닝 정책 현황에 대해서 한국사이버교육학회(2005)에서 다음과 같이 소개하고 있다.

　　미국의 경우 글로벌 선도기업을 중심으로 기술표준을 앞세워 e-러닝 시장선점을 주도하고 있으며 IMS, ADL 등의 표준화 기구를 통해 저변을 확대해 나가고 있다. 유럽연합에서는 'e-Europe 2005'의 최우선 정책과제로 e-러닝을 채택해 지식확산 및 교육개혁의 차원에서 e-러닝을 적극 추진하고 있다.

　　일본은 e-Japan 전략 하에 경제산업성 주도로 ALIC(Advanced Learning Infrastructure Consortium)를 조직하여 e-러닝 활성화 및 이용을 촉진하고 있다. 아울러 ASEAN+3국 경제장관회의에서 주장된 AEN(Asia E-learning Network)을 구성하여 아시아 e-러닝 산업의 국제 협력에서 주도적인 역할을 하고 있다.

　　특히 미국의 e-러닝 시장규모는 2003년에 전체 교육시장의 3.4%인 253억 달러 규모이고, 이 중 기업교육이 전체의 45%인 114억 달러로 가장 높은 분야이고, 증가율도 79%에 이르며 IT 기술을 기반으로 대기업과 온라인 피닉스 대학 및 콘텐츠 제작업체들이 e-러닝 산업을 주도할 것으로 예상된다.

　　아울러 e-러닝 전문업체들과 거대 규모의 포탈을 구축한 굴지의 인터넷 기업들 사이의 경쟁도 치열해질 것으로 전망된다. 또한 고급 시뮬레이션 기술, 게임 기술과의 융합, 지능형 플랫폼 프레젠테이션 변환 기술, 메타데이터 통합 및 온톨로지 적용 기술, 컴피턴시 분석 자동화 기술,

그룹 기반 참여자 동기화 시퀀싱 기술 등의 e-러닝 기술의 융합을 통해 학습자 중심의 e-러닝 환경을 구축하기 위해 적극 노력하고 있다.

우리나라는 2004년 '이러닝(전자학습)산업발전법'을 제정하여 e-러닝 분야의 산업발전을 위한 제도적 토대를 마련하였다. 또한 정부 부처별로 다양한 측면에서의 e-러닝을 지원하는 정책들을 제시함으로써 e-러닝이 산업발전과 함께 국가경쟁력 강화를 위한 핵심적인 성장동력으로 발전해야 한다는 인식을 확대시켰다. 교육인적자원부(2005)의 '2006년도 교육정보화 촉진시행 계획(안)'에 따르면 2006년도 사업별 추진계획으로서, e-교수학습 지원체제 구축을 통한 공교육 지원 강화, 평생교육 및 직업훈련 정보화 지원, 교육 · 학술정보 공유체제 확대, 정보화를 통한 교육복지 확산 지원, 교육정보화 성과관리체제 확립, 전자교육행정 구현, 정보화를 통한 대학교육 혁신 지원, 교육정보화의 국제화 · 산업화 기반 조성 등을 제안한다. 이 중에서 e-교수학습 지원체제 구축을 통한 공교육 지원 강화 사업으로서 교육방송의 인터넷 강의, 사이버가정학습 지원체제 구축 사업, 에듀넷 서비스 운영, 멀티미디어 교수자료 개발을 들고 있다. 이러한 사업들은 국가 경쟁력을 강화하기 위한 신교육제제 구축을 비전으로 하는 것인데, 이것들을 통하여 우리나라 공교육의 e-러닝 동향을 알 수 있다.

초기 기업에게 비춰진 e-러닝의 장점 중 가장 두드러진 점은 단연 비용 절감 효과였다. 교육 내용을 빠른 시간 내에 전국 또는 전 세계에 산재한 종업원들에게 전달할 수 있다는 점이라든가, 변경된 교과 내용을 쉽게 변경할 수 있다는 점 등도 결국 비용 절감의 효과를 갖는다. 비용 절감 이외에 교육적 효과로서 학생에 대한 피드백이 손쉽게 이뤄질 수 있다는 점,

에듀넷의 초기 화면

시뮬레이션 기법의 적용을 통해 보다 적극적인 학습이 가능하다는 점이 기업으로 하여금 e-러닝을 매력적으로 여기게 만든 장점들이었다. 최근의 기업 내 e-러닝의 트렌드는 다음 다섯 가지로 관찰된다. 이 트렌드들은 순수한 통신기술이라기보다는 교수 설계와 내용에 관한 것으로서 기업 내 e-러닝의 미래를 정의하는 특징이 될 것이다(조일현, 2004).

① e-러닝의 전 산업과 기업 차원으로의 확산
② 모바일 러닝(m-learning)의 확산
③ 동료 간 학습(Peer-to-Peer) 방식의 활성화
④ 가상교실과 Blended Learning 솔루션의 정착
⑤ e-러닝 체제 개발을 위한 거시적 교수설계 모델의 도입

2004년에 우리나라 대기업의 e-러닝 도입 비율은 56.81%, 중소기업의 도입 비율은 24.76%로 나타났다. 기업체의 e-러닝 활용방법은 대기업의 59.53%, 중소기업의 79.16%가 서비스 기관에 위탁으로 조사되었으며 e-러닝을 자체 구축하여 활용하는 방법도 대기업의 경우 31%, 중소기업의 경우는 15%로 나타났다. 그리고 우리나라 e-러닝 산업에서 콘텐츠사업, 솔루션사업, 서비스사업의 규모에 대해 조사와 예측한 것을 보면 다음 표와 같다. 표에서 협의의 e-러닝은 방송교육 분야를 제외한 것이고, 2004년부터 2010년까지의 협의의 e-러닝 시장의 연평균 증가율은 19.23%로 예상된다(한국사이버교육학회, 2005).

e-러닝 시장규모 예측 (단위 : 백만원)

구 분		2003	2004	2005	2006	2007	2008	2009	2010
협의의 e-러닝	콘텐츠	243,521	287,498	339,420	400,719	473,089	558,529	659,400	778,487
	솔루션	215,002	222,954	231,204	239,758	248,629	257,828	267,368	277,260
	서비스	618,518	788,032	1,004,032	1,279,237	1,629,857	2,076,624	2,645,827	3,371,048
	계	1,077,041	1,298,484	1,574,655	1,919,714	2,351,575	2,892,981	3,572,595	4,426,795

❷ e-러닝의 보완점

지식정보화 시대에 e-러닝이 조직과 개인에게 필수적인 학습 형태로 등장하였는데, 아직 충분히 활성화가 되었다고 보기에는 어려운 점이 있다. 학교에서 e-러닝을 활용하는 일반적인 모습을 보면, 교수자와 학습자가 배우고 가르치는 방식을 변화하는 데 사용되기보다는 교육과 학습을 보완하거나 확장하는 정도로 사용되기 때문이다.

먼저 e-러닝이 교사와 학생에게 주는 유익한 점에 대하여 좀더 구체적으로 살펴보겠다(홍경선, 2004). 교사에게 유익한 점으로는 다음과 같은 것이 있다. 첫째, 교육 자료를 편리하게 구할 수 있다. 둘째, 관련 전문가와 접촉할 수 있다. 셋째, 동료 교사들과 정보를 교환할 수 있다. 넷째, 평생학습을 실현할 수 있다. 다섯째, 학생들을 개별적으로 지도할 수 있다. 여섯째, 학생들의 성적을 향상시킬 수 있다. 일곱째, 학급 분위기를 좋게 할 수 있다.

학생에게 유익한 점으로는 다음과 같은 것이 있다. 첫째, 학습 동기가 촉진된다. 둘째, 학생들의 글쓰기 실력이 향상된다. 셋째, 정보 능력이 신장된다. 넷째, 전문가와의 접촉 기회가 항상 열려 있다. 다섯째, 현실세계의 학습 경험을 할 수 있다. 여섯째, 세계의 다양한 문화를 이해할 수 있다.

e-러닝이 교수자와 학습자에게 주는 많은 이로운 점이 있는데도 불구하고 그 잠재력이 제대로 구현되지 못하게 만드는 장애물로서 다음과 같은 것을 들 수 있다(Clark & Mayer, 2003).

① 잘못된 직무 분석에 의한 실패

수업 계획을 세우는 데에 직무와 과제의 자세한 분석은 필수적인데, 이 작업은 매우 노동 집약적이다. 각 직업 분야별로 그 직무 특화된 지식과 기능을 정의해내는 작업은 그렇게 만 만하지 않을뿐더러, 지식 기반 업무에 기본이 되는 중요한 기능은 대부분 인지적 기능으로서 외부에서 직접적으로 관찰하기도 쉽지 않다.

② 인간 학습 과정과의 부조화에서 오는 실패

직무 분석을 통해 산출된 기능과 지식은 학습의 원리와 조화를 이루어야 하며, 동시에 컴 퓨터 기술의 잠재력을 제대로 활용할 수 있는 적절한 교수 방법을 적용해야 한다. 인간의 인 지 과정의 한계가 무시될 때 텍스트 및 오디오와 비디오를 제공하는 모든 기술적 잠재력을 활용하는 e-러닝은 오히려 학습을 방해하는 요소로 작용할 수도 있다.

③ e–러닝에서의 중도 탈락

e-러닝에 대한 희망을 좌절로 이끄는 세 번째 요인은 학생들의 중도 탈락률이 높다는 것이 다. 일반적으로 e-러닝에서 중도 탈락률이 35% 이상인 것으로 추정되어 왔다. 학습자가 모두 한정된 공간 안에 모여 있고, 교사가 그들의 주의를 끊임없이 자극할 수 있는 교실과는 달리, 일과 공부를 병행해야만 하는 대부분의 e-러닝 학습자들은 늘 여러 가지 유혹으로 가득 찬 세 상에서 외롭게 공부하게 된다. 따라서 온라인 학습 환경은 개인의 자기 규율과 몰입을 더욱 필요로 한다.

지식정보화 사회에서 필수적인 학습 형태인 e-러닝이 좀더 활성화되어 성공적으로 수행되기 위해서는, 이러한 점들을 비롯하여 e-러닝을 구성하는 물적, 인적, 제도적 문제점들을 해결해야 한다. 이러한 해결 방안 중에 e-러닝의 학업 성과 향상을 위한 성공 방안으로 다음과 같은 것을 제시할 수 있다(이종기 외, 2005). 이 방안에 모든 것이 다 제시되어 있지는 않지만 중요한 것들이 많이 있다.

① e-러닝의 핵심은 고품질의 학습콘텐츠를 확보하는 일이며, 특히 정보품질이 중요하다. 정보품질 향상 전략은 학습콘텐츠의 맥락품질과 학습콘텐츠의 표현품질의 향상을 통해 이룰 수 있다. 맥락품질은 학습콘텐츠의 구성이 학습하고자 하는 내용 자체를 의미하고 학습자에 의해 인식되는 품질로 해석할 수 있으며, 맥락품질의 향상을 위하여 교수자 또는 콘텐츠 제작자는 보다 정교하게 교수목표와 교수설계를 준비하고 학습자의 눈높이를 맞추는 노력을 기울여야 할 것이다. 표현품질은 학습콘텐츠 자체가 어떻게 표현되고 인식되느냐에 관한 품질로서 최근의 웹 환경과 디자인 중시 풍조에 따라 학습자가 인식하는 표현품질의 중요성이 보다 증가되고 있다.

② 교수자와 학습자 간의 상호작용을 증진시켜야 한다. 이 상호작용 서비스는 일반학습, 즉 오프라인 학습 환경에서도 중요한 변수이며, 나아가 인터넷 환경이 일반화된 현 시점에서 그 중요성이 보다 증가되고 있는 아주 중요한 요소이다.

③ 학습관리시스템 사용의 용이성과 유용성이 확보되어 있어야 한다. 학습자들이 시스템 사용을 어렵게 느끼고 유용하지 못한 시스템이라고 느낀다면 아주 곤란한 학습 환경이 되는 것이다. 학습관리시스템이 보다 편리하게 접근되고 손쉽게 사용되도록 디자인되어야 하고 시

스템이 유용하게 느껴지도록 구성하여야 한다.

④ e-러닝은 자기주도적으로 학업에 임해야 하므로 학습자가 자기 자신을 잘 통제할 수 있는 역량이 아주 중요한 요소이다. 자기조절효능감이 낮은 학습자 집단은 교수자의 상호작용 서비스에 보다 더 민감하고, 학습콘텐츠의 표현품질에 보다 더 민감하게 반응하므로 이를 고려한 맞춤식 수업을 준비해야 한다.

⑤ e-러닝 성공모델을 확산할 필요가 있다. 인터넷이 일반화되고 조직이나 기업에서 학습조직이 생겨나는 시점에서 자기주도학습 관점의 개인 역량을 향상시키기 위한 방법으로서 e-러닝 성공모델을 확산하는 것이다.

⑥ e-러닝의 질 관리와 성과 측정을 위한 국가 차원의 평가체계를 확립하는 일이 필요하다.

⑦ e-러닝의 세계화와 표준화 전략이 필요하다.

초·중등교육에서 e-러닝을 활성화시키기 위한 하나의 방안으로서 교육의 주체들인 교사, 학생, 학부모에게 면대면 교육과는 다른 역할이 필요하고, 이 역할을 적절하게 지원하는 지원 전략이 다음과 같이 있어야 한다(송상호 외, 2005).

주체별 e-러닝 지원 전략

	교 사	학 생	학 부 모
교수적 역할	• e-러닝 콘텐츠 수정 및 개발을 위한 저작 도구 제공 • 콘텐츠 제작 및 활동을 위한 공간 및 인력 제공 • 콘텐츠 검색을 위한 맞춤형 교육정보 서비스 제공 • 콘텐츠 활용 방안 안내 및 사례 제공 • e-러닝 교수·학습 방법에 대한 연수 제공 • e-러닝 교수·학습 가이드 책자 제공	• 다양하고 흥미있는 e-러닝 콘텐츠 제공 • 학생 상담 서비스 제공 • 학습 방법 및 과정에 대한 교육 제공 • e-러닝 교수·학습 방법에 대한 교육 제공 • e-러닝 학습 전략에 대한 교육(자기 주도적 학습능력, 시간관리능력 등) • 학습진단 서비스 제공	• e-러닝 교수·학습 방법에 대한 교육 제공 • 학부모 지침서 제공
사회적 역할	• facilitation, e-러닝을 통한 의사소통 방법에 대한 연수 제공 • 면대면 미팅을 위한 공간 및 비용 지원	• 면대면 미팅 제공 • 상호작용 도구 및 기회 제공 • 상호작용 촉진 전략 제공	• 학부모 상담 서비스 제공 • 학부모 커뮤니티 가입 지원
관리적 역할	• LMS를 통한 학생정보 관리 자동화 시스템 제공 • 오리엔테이션 지원	• 오리엔테이션 제공 • 학습계획서 작성을 돕는 도구 제공 • 학습 과정 점검을 위한 check list 제공	• 학부모를 위한 e-러닝 사이트 제공
기술적 역할	• e-러닝 / 정보화 소양 교육 제공 • 기술지원 인력 및 부서 설치	• 정보화 소양 교육 제공 • e-러닝 시스템 지원	• 정보화 소양 교육 제공

미래 교육의 모습을 통해 e-러닝이 어떠한 방향으로 나아가야 효율적인가에 대하여 살펴보겠다(강명희, 2005). 우리 사회는 정보통신 기술의 혁신으로 물리적 공간과 가상적 공간의 경계가 없어지고 있을 뿐 아니라, 그 이상의 가능성을 가진 미지의 제3공간을 창출하는 공간 혁명으로 이어지고 있다. 이는 사람, 사물, 컴퓨터 그리고 공간이 하나가 되고, 언제 어디서나 어떤 기기를 통해서라도 자유롭게 서로 연결하여 각종 정보를 공유하고 활용할 수 있어 우리 삶의 질이 좋아질 수 있는 새로운 시대의 도래를 의미한다. 미래의 삶, 이미 그 진행이 시작된 새로운 세기에 일자리에서부터 생활의 모든 부문에 이르기까지 삶에서 지식이 차지하는

의미는 가히 충격적이라고 할 만큼 그 비중이 높아지고 있다. 지식이 끊임없이 창출되고 교실의 물리적 벽이 허물어지는 변화가 있는 미래교육에서는 교사가 학생 위에 군림하면서 가르치는 일 방향 교육이어서는 안 된다. 교사 한 사람이 감당할 수 없는 지식의 양을 학습이라는 장에서 소화하기 위해서 우리 모두는 함께 배워나가는 문화를 구축하여야 한다. 교사는 특히 함께 배워가는 학습공통체의 개념을 학습에서 실천하여 학습자로 하여금 스스로 자신의 학습을 관리하여 바람직한 인간상–창의적 인간, 자기주도적 인간, 개방된 인간, 협력하는 인간–으로 성장할 수 있도록 앞으로의 교육 환경과 방법을 변화시켜야 한다. 이에 따라 e-러닝 활용 전략도 이와 걸맞게 함께 학습하는 학습공동체, 그리고 개인의 일상생활과 직장에서의 업무에 학습이 통합된 학습 환경을 설정하여 학습 환경을 전 국가적, 나아가 세계적 학습 환경으로 바꿔야 한다.

(3) e-러닝 콘텐츠의 개발

❶ e-러닝의 체제와 콘텐츠의 개발 과정

앞에서 살펴본 바에 의하면 현재 e-러닝이 당면하고 있는 중요한 문제점으로 e-러닝 콘텐츠의 질을 향상시키는 것을 들 수 있다. e-러닝 콘텐츠를 성공적으로 개발하려면 e-러닝의 전체적인 체제와 과정을 알고 그 속에서 개발을 해야 한다.

e-러닝은 면대면 교육이 아닌 원격 교육의 일종이므로, 원격 교육 체제를 e-러닝의 체제를 구안하는 데 원용해 볼 수 있겠다. 원격 교육은 가르치는 장소와 떨어져 있는 곳에서 일어나

는 학습으로, 특수한 조직과 행정의 조율뿐 아니라 코스 설계에 대한 특수한 기법, 특수한 교수기법, 전자 및 다른 공학에 의한 특수한 통신 방법을 필요로 하는 계획된 학습이다. 원격교육을 위한 체제의 대략적인 개관을 보여주는 모형과 설명은 다음과 같이 제시될 수 있다 (Moore & Kearsley, 1996).

원격 교육을 위한 체제 모형

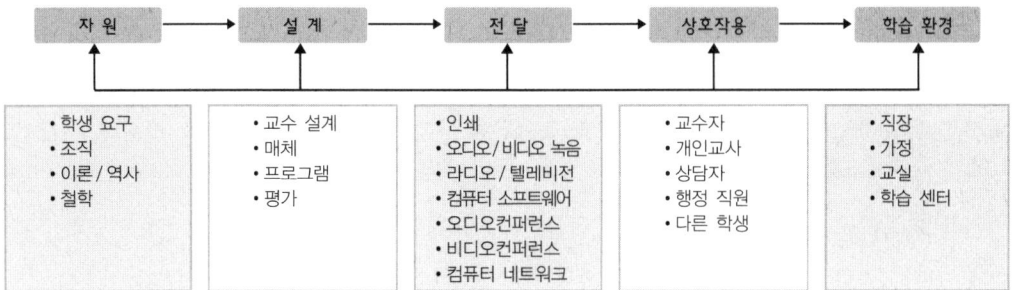

학교, 정부, 기업 등의 조직이 가르칠 내용이 무엇인지를 결정하는 일은 조직의 교육적 임무와 철학에 비추어 이루어지고, 교사의 철학이 반영되며, 조직의 역사와 조직이 속해 있는 나라의 교육 역사에 의하여 결정될 것이다. 원격 교육 조직에서는 학생들이 필요로 하는 지식이 무엇인지를 아는 것과 학습자가 무엇을 배우고자 하는지를 고려하여 코스를 개발하는 것이 중요하다. 원격 교육 코스를 만드는 데에는 교수 설계자, 매체 전문가, 내용 전문가들이 필요하다. 교수는 매체를 통하여 제공되고 공학 기술에 의하여 전달되기 때문에, 교육 코스는 교수 내용과 교수 원리, 테크놀로지에 대한 지식을 가진 전문가들이 함께 설계할 필요가 있다.

원격 교육 학습자에게도 교수자와 충분한 상호작용을 가짐으로써 적당한 정도의 아이디어와 정보의 교환이 가능하도록 하는 것이 중요하다. 원격 교육에서 이 의사소통은 테크놀로지를 사용하여 이루어진다. 적당하다고 여겨질 수 있는 상호작용의 특성과 정도는 조직과 설계자의 교수 철학, 교과의 특성, 학생의 성숙도, 학생이 있는 장소, 코스에 사용되는 매체 등에 따라서 변한다. 상호작용의 다른 측면은 원격 교육 코스와 프로그램의 행정이다. 관리자는 쉽게 접할 수 없는 학습자들의 요구를 측정할 책임을 갖는다. 행정가는 재정, 인사, 시간 등을 관리하여 코스가 제 시간에 제작되고 여러 가지 작업 과제와 잘 맞도록 해야 할 책임이 있다. 원격 교육의 학습자는 자신의 직장, 가정, 교실, 학습 센터, 심지어는 여행지, 전쟁터, 잠수함, 등대, 감옥 등에서도 학습을 한다. 원격 교육 조직은 학습이 효율적으로 이루어질 수 있도록 이러한 환경의 특성에 대하여 많은 관심을 가져야 한다.

앞에서 소개한 요소들-교육 내용, 코스 설계, 전달 테크놀로지, 상호작용, 학습 환경 등은 이들 요소가 상호의존성이 크다. 예를 들면, 설계의 정확한 성격, 전달에 사용되는 테크놀로지, 상호작용 등은 특정한 코스 내의 지식 자원, 학생 요구, 학습 환경 등에 의존한다. 원격 교육이 성공적으로 수행되려면 원격 교육의 체제가 그것을 구성하는 모든 요소에 똑같이 주의를 기울이는 총체적인 체제로서 이해되고 개발되어야 한다. e-러닝 개발 모형을 구안하는 경우에 이 원격 교육을 위한 체제 모형을 원용하는 것도 하나의 방법이 될 수 있는 것이다. 즉 e-러닝에서의 자원, 설계, 전달, 상호작용, 학습 환경 등이 개발 요소가 될 수 있고, 실제로 이러한 요소들에 대하여 현재 연구·개발이 많이 되고 있다.

기존의 교실 수업은 물리적 공간이라는 한계를 벗어나지 못하지만, e-러닝은 학습자에게 언제 어디서 학습할 것인지를 자율적으로 결정하도록 하는 매우 융통성 있는 학습 형태를 제공한다. 따라서 e-러닝을 개발하는 사람은 이러한 특성을 잘 수용하여 기존과는 다른 요소들을 고려해야 한다. Khan(2004)에서는 e-러닝을 설계하는 사람이 효과적인 e-러닝 환경을 설계하기 위하여 통합적으로 고려해야 하는 준거체계를 다음과 같이 제시한다. 이 체계는 기관, 전략, 테크놀로지, 인터페이스 설계, 평가, 관리, 자원 제공, 그리고 윤리라는 8개 차원의 요소로 구성되어 있다. 각 차원은 여러 개의 하위 요소들을 가지고 있으며, 이 항목들은 e-러닝 개발자가 강의 개발을 하는 처음부터 끝까지 지속적으로 고려해야 하는 내용이다.

e-러닝 준거체계

차 원	설 명
기 관	행정업무, 학사업무, 학생 서비스와 관련된 e-러닝 이슈이다.
전 략	교수와 학습에 관련된 요인으로 내용분석, 학습자분석, 목표분석, 매체분석, 설계전략, 내용조직과 e-러닝 방법, 전략과 관련된 이슈이다.
테 크 놀 로 지	e-러닝 환경에 대한 기술적 인프라에 관한 요인으로 기술적인 환경 기획, 하드웨어 그리고 소프트웨어와 관련된 이슈이다.
인터페이스 설계	e-러닝의 모양새와 느낌에 관한 것으로 페이지 설계, 사이트 설계, 내용 설계, 검색 설계, 사용성 평가와 사용 용이성 관련 이슈를 다룬다.
평 가	학습자의 학습 성과 측정과 교수·학습 환경의 평가와 관련된 이슈이다.
관 리	학습환경의 관리와 정보 공급에 관련된 이슈이다.
자 원 제 공	의미 있는 학습에 필요한 온라인 지원과 자원 공급 관련 이슈이다.
윤 리	사회적·정치적 영향력, 문화적 차이, 편견, 지리적 다양성, 학습자 특성의 다양성, 정보 검색의 수월성, 에티켓 그리고 법적 이슈와 관련된 사항이다.

e-러닝에서 'e'는 학습하는 전자적인 방법에 해당하고, 'learning'은 학습 콘텐츠와 그 콘텐츠를 학습하는 것을 돕기 위한 방법들이 포함되므로 e-러닝의 개발은 이런 요소들을 모두 고려하고 망라하여 수행되어야 한다. Clark & Mayer(2003)에서는 이러한 점에 중점을 두고 e-러닝 개발 절차를 다음과 같이 제시한다.

① 모든 e-러닝 개발 프로젝트는, 과연 훈련을 통해 지식과 기능면에서 부족한 부분을 메워줌으로써 중요한 조직의 목표 달성을 도울 수 있을 것인지, 또 e-러닝이 최적의 전달 수단인지를 결정하는 수행 분석으로부터 시작된다.

② 일단 수행분석이 이루어지면 직무를 수행하고 교육적 목적을 달성하는 데 필요한 학습 내용을 정하는 것에서 코스 설계를 시작한다. 더 광범위한 교육목표를 위한 코스웨어를 개발하려면 세부적인 직무 분석보다는 주요 토픽과 포함되어야 할 관련 토픽을 정의해 가는 내용 분석을 주로 수행한다. 이어 개발팀은 직무 분석이나 내용 분석에 근거하여 e-러닝 수업의 학습 내용을 사실, 개념, 처리, 절차와 원리 등으로 유목화한다.

③ e-러닝 콘텐츠가 정의되면 학습의 윤곽과 목표를 포함하는 코스 청사진을 만들고, 이어서 자세한 코스 스크립트를 작성하고 학습을 지원하는 구체적인 교수 방법을 선정한다. 교수 방법은 학습 내용을 학습하는 과정을 지원하는 기술이다.

④ 학습자들이 새로운 지식과 기능을 효과적으로 처리하기 위한 미디어 요소들을 정의하여 프로그램을 개발한다. 미디어 요소에는 문자, 내레이션, 음악, 정지 화상, 사진, 애니메이션 등이 포함된다.

⑤ 수행 분석에서부터 미디어 요소를 정의하기에까지 이르는 단계들에 대하여 기준에 따

라 평가를 해보고, 이상 유무를 확인하고 실행에 옮긴다.

　e-러닝 콘텐츠의 개발이 제대로 이루어지기 위해서는 교수체제를 구성하는 요소들-교수자, 학습자, 개발자, 학습 내용, 매체, 학습 환경 등-이 유기적으로 결합되어 체계적으로 접근되어야 하므로, 나름대로의 개발 과정이 요구된다. 이인숙(2002)에서는 이 과정을 'e-러닝 콘텐츠 설계 모형'이라 하고, 다음과 같이 단계별로 구성하여 제시한다.

　첫째는 분석 단계이다. 이 단계에서는 디지털 콘텐츠를 이용하는 데 적합한 교과목을 선정하는 요구 분석, 포함시킬 내용에 대한 과제 분석, 교육 대상자를 분석하는 학습자 분석, 그리고 콘텐츠 개발 환경의 분석이 일반적으로 요구된다.

　둘째는 설계 단계이다. 이 단계는 교수설계 단계라고 불리기도 하는데 분석 과정에서 나온 산출물을 교수 방법으로 구체화하는 것이다. 내용 설계, 상호작용 설계, 멀티미디어 설계, 인터페이스 설계, 스토리보드 및 플로차트 설계 등이 포함된다.

　셋째는 제작 단계이다. 이 단계는 앞에서 준비된 설계에 따라 콘텐츠를 실제적으로 개발하는 과정으로 멀티미디어 매체 제작부터 스토리보드를 프로그램으로 구현하기 위한 HTML 문서화, CGI 스크립팅, JAVA 코팅 등을 포함한다. 프로그램이 완성된 후 실제적인 운영에 앞서 적어도 소집단 규모의 학습자에게 시험적인 검증을 해서 프로그램의 수정이 이루어져야 하며, 프로그램을 서버에 탑재하고 여러 가지 기능이 제대로 작동하는지 시범 운영을 해본다.

　넷째는 운영 단계이다. 이 단계에서는 개발된 프로그램을 현장에 사용하고 교육 과정에 설치하며 계속적으로 유지하고 관리하는 활동을 한다.

　다섯째는 평가 단계이다. 평가는 계속적인 과정으로 프로그램의 적용 후에만 이루어지는 것이 아니라 프로그램 설계의 전체 과정에 걸쳐서 이루어지는 형성적인 평가를 포함한다. 학업 성취도 평가와 교육과정 효과에 대한 평가, 비용효과에 대한 평가 등이 포함된다.

---

e-러닝 담당 인력에 대한 용어

e-러닝을 개발하는 전 과정에는 그것을 담당하는 인력이 있다. e-러닝 인력에 대한 용어를 보면 다음과 같다(한국사이버교육학회, 2005).

- **교육기획자** : 기업 또는 조직의 경영철학 및 이념에 따른 교육의 기회, 또는 교육 목적을 이룰 수 있는 교육과정을 기획하는 자
- **교육컨설턴트** : 교육 목표에 맞는 교육과정의 설계와 교육과정의 개발에 관여하여 자문을 하여 주는 전문가
- **콘텐츠전문가** : 교육과목(과정)에 대한 전문가. 예를 들면 영어 과목의 콘텐츠 전문가는 영어 교사, 경영학 과목의 콘텐츠 전문가는 경영학 교수 등으로 설명이 가능함.
- **교수(자)** : 교육콘텐츠를 학생에게 가르치는 자. 대부분의 경우 콘텐츠 전문가일 가능성이 큼.
- **교수설계자** : 교육 과목을 e-러닝 과정으로 만드는 과정에서 사용자 편의를 고려하여 교육목표를 달성할 수 있도록 설계하는 자로서 컴퓨터와 인간과의 교육공학적 인터페이스 분야 전문가
- **콘텐츠개발자** : 교육 자료를 e-러닝 구조에 맞도록 콘텐츠를 개발하는 자로서 예를 들면 e-러닝 교재 제작 참여자, 멀티미디어 콘텐츠 제작자 등을 말함.
- **시스템개발자** : e-러닝을 위한 LMS, LCMS, 또는 솔루션 및 그 부분품의 개발을 위해 컴퓨터 프로그래밍에 참여한 기술 인력으로 H/W, S/W 및 네트워크 등 모든 분야의 컴퓨팅 응용기술을 포함함.
- **서비스운영자** : e-러닝 시스템의 운영과 유지 보수에 참여하는 자로서, H/W, S/W 및 네트워크 등 e-러닝의 모든 컴퓨팅 환경을 운영, 유지 보수, 관리하는 자와 교육서비스 과정의 운영요원을 모두 포함함.

해외 각국은 나름대로 e-러닝 콘텐츠를 개발하고 활용하는 방식이 있다. 이것에 대하여 초·중등교육을 중심으로 살펴보면, 캐나다처럼 독립된 e-러닝 교육기관에서 자격을 갖춘 교사나 교과전문가가 직접 개발하여 사용하는 방식, 프랑스처럼 공공기관이 개발은 하되 학구나 학교의 우선적 가치를 고려하여 개발하는 방식, 싱가포르처럼 정부 주도형으로 개발 및 보급되는 방식, 그리고 캐나다, 호주와 뉴질랜드처럼 정부 주도 가이드라인을 중심으로 개발 방법을 제시하는 방식 등 다양하다. 이와 같은 내용을 표로 제시하면 다음과 같다(조인진 외, 2005).

각국의 e-러닝 콘텐츠 개발 및 활용 방식

국 가	개발 방식	활용 방식
캐 나 다	각 가상 학교에서 사용되는 콘텐츠는 자격이 있는 교사나 교과전문가가 개발	정부 주도적인 개발 가이드라인 적용과 e-러닝 콘텐츠 활용, 홈스터디 등 지역적인 소외계층의 필수교육과정 제공, 각 학교에 적합한 방식으로 개발되고 사용됨.
미 국	각 가상 학교에서 사용되는 콘텐츠는 자격이 있는 교사나 콘텐츠전문가가 개발하거나 콘텐츠 제공업체와 협력하여 개발	각 주별 개발 및 활용 방안 추진, 비용 효율성을 위하여 e-러닝 회사와의 협력 선호
프 랑 스	ENT, 교육부, 공사기관이 협력하여 e-러닝 콘텐츠 개발	학구, 기관, 학교의 우선적 가치에 따라 서비스 양식이 달라짐.
싱가포르	교육부와 지역산업향상 프로그램 하의 파트너 회사들에 의해 e-러닝 콘텐츠 개발	정부 차원의 개발과 보급, ECC
호주 & 뉴질랜드	교사, Le@rning Federation, 공사 기관	Le@rning Federation은 내용전문가와 협조하여 교사들이 바로 사용할 수 있는 세부과정별 콘텐츠를 개발하고, 이를 엄격한 검수와 시범운영 후 보급함.

KERIS의 교육정보 품질관리 서비스 화면

❷ e-러닝의 교수 설계

　교수 설계 단계는 학습자가 학습 목표를 성취할 수 있는 방식으로 내용을 조직화하여 제시하는 단계이다. 교수설계자는 내용 전문가의 도움을 받아 내용을 숙달하고 학습자와 관련 매체에 부합하는 최상의 교수 방법을 알고 있어야 한다. 교수 설계는 내용 설계, 상호작용 설계, 자기 주도 학습 촉진 설계 등으로 나누어 볼 수 있다.

　내용 설계는 요구 분석에서 도출된 교과 내용에서 목표를 설정하고 목표에 도달하기 위한 방법을 계획하는 것이다. 상호작용 설계는 교수 설계의 내용 모두가 상호작용 설계라고 할 수 있을 정도로 주요한 요소이다. e-러닝의 상호작용은 기존 교실 수업의 상호작용이 갖는 의미와는 상당히 차이가 있다. 실제로 보이지 않은 상태에서의 상호작용 설계를 어떻게 효과적으로 하느냐가 학습 효과와 연관이 되기 때문이다(이인숙, 2002). e-러닝을 포함한 원격교육은 성격상 학습자가 주도하여 이루어짐에도 불구하고 그것이 제대로 드러나지 않는 현실에 주목하여 학습자의 주도성을 촉진할 수 있는 설계 전략을 고려해야 한다(임철일, 2003). 이러한 내용 설계, 상호작용 설계, 자기 주도 학습 촉진 설계 등으로 구성된 교수 설계의 결과로 e-러닝에 적절한 교수·학습 모형들이 산출되는 것이다.

　e-러닝의 교수 설계가 효과적으로 이루어지기 위해서는, e-러닝에서 활용되는 새로운 학습 기술의 도입에 따라서 학습 활동을 둘러싼 요소들이 다음과 같이 변화되었다는 것을 고려해야 한다(강인애, 2006).

　　① 요즘의 학습 환경은 개인 학습자가 아니라 학습 '커뮤니티(Community)' 중심이고,

② 기술(Technology)을 통한 사람들 간의 지속적인 '연결(Connectivity)'이 된 사회이고,

③ 지식 전달과 습득이 아니라 '지식 구성(Constructivism)'이 중요하게 되며,

④ 강의가 아니라 '대화와 토론(Communication / dialogue) 중심'의 학습 활동이며,

⑤ 개별적 학습이 아니라 '협력적 학습(Collaboration)'으로,

⑥ 마지막으로 콘텐츠도 일정한 틀과 형태와 구조로 이루어지는 '과목(course)' 중심이 아니라 '지속적인 지식의 흐름(continuous flow of knowledge)'에 따라 유동성(fluid) 있게 변화하고 구성되며 공유되는 형태

앞에서 기술한 전체적인 학습 환경 요소의 변화와 더불어, 교수 설계가 효과적으로 이루어지기 위해서는 학습자가 어떻게 배우는지에 대하여 연구하는 인지 학습 이론의 지침에 따라야 하고, 과학적으로 타당한 조사 연구 결과에 부합하도록 설계되어야 한다. 인지 학습 이론은 정신적 과정이 눈과 귀로 받아들인 정보를 어떻게 인간의 기억 속에 지식과 기능으로 변환시키는가에 대해 설명해 준다. 즉 e-러닝에 포함되어 있는 교수 방법들은 입력된 낱말이나 그림이 감각기억 장치와 작동기억 장치를 통해서 장기기억 장치에 있는 기존의 지식과 통합하고, 의미 있는 지식으로 변환시키고자 노력하는 학습자를 도울 수 있어야 한다. 이를 위하여 다음과 같은 과정이 필요하다(Clark & Mayer, 2003).

① 수업에 제시되어 있는 정보 중 중요한 것을 선택

우리의 인지 시스템은 한계가 있으므로 학습자는 먼저 자신의 학습 목표에 가장 잘 맞는 정보를 선택할 수 있어야 한다. 이러한 선택 절차는 학습자의 주의를 끄는 교수 방법에 의해서 안내될 수 있다. 예를 들어 멀티미디어 설계자는 중요한 텍스트나 시각 정보로 학습자의

주목을 끌기 위해 화살표나 색상을 사용하는 경우가 있다. 주의를 끄는 또 다른 기법으로 학습 목표를 목록화하여 제시하기도 한다.

② 학습을 위해 필요한 리허설이 가능하도록 작동기억 장치 내의 제한된 능력을 효율적으로 관리

작동기억 장치는 수업에서 제공되는 새로운 정보를 처리하기 위해 필요한 여력을 가지고 있어야 한다. 작동기억 장치가 가득 차서 그 능력의 한계에 이르면 비효율적인 처리가 이루어지며, 결국 학습의 속도가 느려진다. 다른 조건이 동일할 경우 제시되는 정보의 양이 적을수록 좋다. 부적절한 시각물을 최소화하고 배경음악과 음향 효과를 생략하고 간결한 텍스트를 사용할 때 더 좋은 학습 결과를 얻을 수 있다.

③ 작동기억 장치 내의 시각, 청각과 같은 감각적 정보를 작동기억 장치에서의 리허설 과정을 거쳐 궁극적으로 장기기억 장치에 있는 기존의 지식과 통합

작동기억 장치는 수업에 있는 낱말과 그림을 단일화된 구조로 통합시키고, 이렇게 통합된 아이디어들을 장기기억 장치에 있는 기존의 지식과 2차적으로 통합하는 역할을 수행한다. 낱말과 그림의 통합은 언어적 정보와 시각적 정보를 분리시키지 않고 함께 제시하는 방법을 사용함으로써 보다 쉽게 달성된다.

④ 필요할 때 장기기억 장치로부터 작동기억 장치로 새로운 지식과 기능을 인출

성공적인 학습을 위해서는 새로운 지식과 기능이 필요할 때 쉽게 인출될 수 있도록 하는

방식으로 장기기억 장치 내에 부호화되어야만 한다. 이를 위하여 예제와 연습문제에 직무 맥락을 짜 넣어야 한다. 그렇게 되면 장기기억 장치에 저장된 새로운 지식은 좋은 인출 걸쇠를 갖게 된다.

⑤ 메타인지 스킬을 발휘, 위의 제반 과정들을 통제

메타인지는 정보 처리 과정을 감독하는 정신적 과정을 말한다. 효과적인 메타인지능력을 갖고 있는 학생들은 학습 목표를 확립하고, 그 목표에 이르는 효과적인 방법에 관해 결정을 내리며, 자신의 진행 상황을 감시하여 필요하다면 이를 수정할 수 있는 능력을 갖추고 있다. 이 능력이 부족한 학습자에게는 학습 목표 수준 결정, 목표 달성 프로세스의 관찰 및 통제 등을 지원해 주는 것이 효과적이다. 예를 들어 학습 자가 검사 도구는 학습자들로 하여금 자신의 지식을 평가하고 부족한 능력을 인지할 수 있도록 하는 데 도움을 준다.

e-러닝의 교수 설계의 원리와 과정을 기존 교실 수업의 교수 설계에 근거를 두고, 기존 교실 설계에 인터넷의 특성을 첨가하여 설명해 볼 수도 있다(주영주 외, 2002).

학습목표 유형과 교수 설계 전략

학습목표유형	목표 사례	설계 전략
지 적 기 능	1차방정식 10문제 중 8개 이상을 풀 수 있다.	인터넷상의 다양한 정보제공 및 관련 멀티미디어 자료 제시
언어적 정보	김소월의 시의 세계에 대하여 진술한다.	자료검색, 문서작성, 자료편집 등의 컴퓨터, 네트워크 기능을 사용
운 동 기 능	아이스 스케이팅을 할 수 있다.	시뮬레이션을 통한 스케이팅 타는 방법, 속도, 각도 등에 대한 학습
태 도	인터넷의 폭력물에 대한 자신의 의견을 제시한다.	인터넷 폭력물의 사례를 통한 자신의 태도 결정
인 지 전 략	그룹 토의를 위한 효과적인 대화 방법을 알아본다.	이메일 등의 대화 채널을 통한 내용 학습 설계

① 학습 목표의 설정

인터넷 교육에서는 인지적 영역에 대한 활용이 주류를 이루고 있으나, 근래에는 기능이나 태도의 영역까지 인터넷 교육이 적용되고 있다. 예를 들면, 운동 기능적 영역에는 시뮬레이션 방법이 활용되고 있으며, 태도의 변화를 요구하는 분야도 다양한 동영상을 통하여 효과적으로 학습을 실시할 수 있다. 앞의 도표는 학습 목표의 유형에 따른 교수 설계 전략을 알아 본 것이다.

② 교육과정 유형

인터넷 활용 교육에서 교육과정 유형은 교육내용의 범위, 교수·학습 활동, 교수전략 등 교수와 학습 전반에 걸친 설계에 영향을 주는 작업으로, 이를 판단하기 위해서는 학습자의 특성과 지원되는 환경 등 전반적인 요소가 고려되어야 한다. 교육과정 유형은 개발하는 사람마다 다르게 분류할 수 있는데, 상호작용을 시스템별로 구분한 경우(CBT형, EPSS형, 비실시간 가상수업형, 실시간 가상수업형), 운영을 중심으로 구분한 경우(공개강좌형, 코스형, DB형) 등 다양하다.

③ 교육 내용 분석 및 설계

일반적으로 웹 교육을 위해 포함되어야 할 교육 내용의 영역에는 기본 교육 내용, 선수학습 내용, 심화학습 내용, 전문용어 설명, 게시판용 토론 주제, 교육내용 관련 FAQ용 예상질문과 피드백 정리, 사례 등이 있다. 내용의 종류가 선정되면 해결할 과제가 무엇인지 분석을 해야 한다. 일반적인 과제 분석의 유형으로는 가시적 절차분석, 불가시적 절차분석, 위계분석,

통합분석 등이 있다. 교육내용 분석 후 네비게이션 매핑을 통해 전체 구조를 점검해야 한다. 웹 문서는 서로 링크되는 하이퍼텍스트의 구조로 이어지므로, 학습자가 어떻게 교육과정 안에서 움직이며 학습하는지를 미리 예측하여 네비게이션의 형태가 일관되고, 정보검색이 효율적이며, 다양한 상호작용이 발생할 수 있도록 구성되어 있어야 한다. 교육내용의 전체 틀이 어떤 전략과 구조로 구성될지가 결정이 되면 다음 단계에서는 모듈별 과제들의 구체적인 학습활동과 방법을 설계해야 한다. 웹 교육에 필요한 수업 절차로는 주의력 유도, 학습목표제시, 선수요소학습, 학습내용제시, 수행유도, 연습과 정리 등이다. 이후에는 교육내용, 교수·학습 활동에 적합한 매체의 선정과 적절한 설계가 필요하다.

④ 평가

웹 교육에서 이루어지는 평가에는 학습자들을 대상으로 하는 학습결과 평가와 학습과정 평가, 웹 교육의 진행 전반에 관한 프로그램 평가로 나누어 볼 수 있다.

교수 설계의 과정에서 상호작용 설계는 교수 설계의 내용 모두가 상호작용 설계라고 할 수 있을 정도로 매우 중요한 요소이다. Moore & Kearsley(1996)에서는 상호작용의 유형으로 다음 세 가지를 제안한다.

① 학습자-내용 상호작용

교사가 유도해야 하는 첫 번째 유형의 상호작용은 학습을 위해서 만든 교과목의 내용과 학생들의 상호작용이다. 학습자는 지금까지 가지고 있는 인지 구조 안에 개인적으로 정보를 축적하는 과정을 통하여 지식을 구성한다. 이것은 학습자가 내용과 상호작용을 하여 이루어지는 것이다.

② 학습자-교수자 상호작용

내용이 제시된 후 교수자는 학생들이 내용과 상호작용하는 것을 보조한다. 이를 위해 교수자는 해당 교과에 대한 학생의 관심과 학습하고자 하는 동기를 자극하고 유지시키고자 노력한다. 교수자는 학생이 배운 기능을 연습하거나 제시된 정보를 조직함으로써, 학습한 것에 대한 학생의 적응력을 조직하고자 한다. 또한 학생이 진전을 보이는지를 확인하고, 전략을 바꿀 것인지를 결정하기 위해 정식 또는 비정식의 평가를 실시하게 된다. 끝으로 교수자는 각 학습자를 상담하고 지원하고 격려한다.

번호	강/쪽/번	제목	작성자	작성일	조회수	평가
40	1강/2쪽/0번	본사 2 부분에서요..		2006.08.02	8	
41		↳ [답변]본사 2 부분에서요..		2006.08.02	0	
38	1강/3쪽/.번	-셰라		2006.08.02	6	
39		↳ [답변]-셰라		2006.08.02	0	****
33		꼭 알려주세요ㅜㅜ		2006.07.31	10	
37		↳ [답변]면앙정가		2006.07.31	0	****
32		질문이요~		2006.07.31	3	
36		↳ [답변]질문이요~		2006.07.31	0	*****
31		송순.		2006.07.30	5	
35		↳ [답변]송순.		2006.07.31	0	****
30		선생님 ~		2006.07.30	6	
34		↳ [답변]선생님 ~		2006.07.31	0	*****
24		강호사시가		2006.07.29	3	
28		↳ [답변]강호사시가		2006.07.30	0	*****
23	2강/000쪽/000번	복합적 심상과 공감각적 심상의 ...		2006.07.29	12	

EBSi의 학습 Q&A 화면

③ 학습자-학습자 상호작용

학습자 간의 상호작용은 개인으로든 집단으로든, 교수자가 실시간으로 있는 상황이든 아니든, 한 학습자와 다른 학습자들 간에 발생한다. 어린 학습자들은 집단 내의 상호작용으로 자극되고 동기화되기 쉬운 반면, 좀 더 스스로 동기화되는 성인들과 상급 학생들에게 상호작용은 그리 중요하지 않을 수도 있다. 집단으로 조직하는 것은 특히 학생이 프로젝트팀에 조직되어 동료들에게 발표할 책임이 주어졌을 때 유용하다. 일반적으로 학습자 내부의 토론은 제시된 내용을 생각해 내어 동료들과 의사교환하면서 이를 시험하는 방법으로 매우 가치 있다.

교실을 떠나 시간과 장소에 구애를 받지 않고 자기규제의 원리에 의해 웹 기반으로 시행되는 e-러닝은 교실 상황에서와 같은 교수자와 학생 또는 학생과 학생 간의 상호작용이 일어나기 어렵다. 따라서 e-러닝에서 학습의 효과를 높이기 위해서는 상호작용을 증진시켜 줄 수 있는 다양한 방법의 마련이 중요하다. 상호작용을 증진하기 위하여 이메일, 게시판, 실시간 채팅, 교수와 학생의 블로그 활용, 동료평가 등 다양한 동시적 또는 비동시적 상호작용 도구와 방법을 활용하고 있다. 초·중등 교육의 경우 해외 각국에서 사용하는 특징적인 상호작용 전략을 몇 가지 소개하면 다음과 같다(조인지 외, 2005).

① 상호작용 대상의 확대이다. 여태까지는 상호작용하면 흔히 교수자와 학습자 간의 상호작용을 떠올렸으나, 현재 몇몇 국가의 사례를 보면 교사와 학부모, 학부모와 학생 등으로 상호작용의 범위를 확대하고 있다. 교수자가 온라인을 통하여 학습자의 학습을 도와준다면 그

나머지 가정학습의 부분은 모두 학부모의 역할이라고 보고 있으므로 학습 진행 과정은 학부모에게 소상히 보고되고, 학부모와 교사의 상호작용도 강조된다.

에듀넷의 학습도우미 화면

② 실제 면대면 학습의 서비스와 최대한 비슷한 서비스를 주기 위한 상호작용 전략이다. 예를 들면 일본의 e-러닝 활용사례인 통신제 고등학교(츠쿠바카세이)를 보면, 라이브 강의 등을 통해 학생의 과제물을 일대일 방식으로 첨삭지도하여 실제 면대면 학습에서 가질 수 있는 학습의 기회를 잘 살리고 있다. 호주 빅토리아주 원격교육과정인 TAFE는 24시간 help desk를 운영하고 있고, 뉴질랜드의 온라인 러닝센터인 TKI에서는 전화 튜토리얼을 제공하고 있다. 캐나다의 대표적인 가상 학교인 알버타주의 School of Hope 가상 학교에서는 교사와 직접적인 대화시간을 가지려고, 컴퓨터, 팩스, 휴대폰, 페이저 등을 다 동원하여 교사와 학생 간의 직접적인 접촉이 가능한 시간을 알려주는 등의 노력을 하고 있다.

e-러닝에서 상호작용을 증진하기 위한 최근의 연구 중 백수희(2005)가 있다. 이 연구에서는 e-러닝에서 인터넷이 제공하는 다양한 도구들이 상호작용을 증진시킬 것이라는 기대와는 달리 오히려 상호작용의 부재를 초래하고 있다고 하고, 상호작용을 증진시키기 위한 설계 전략을 세우고 이를 학습운영시스템의 상호작용 기능에 반영하여 구현하고자 했다. 상호작용의 주요 기능들로 학습자의 협동학습을 가능케 하는 그룹학습실, 그룹학습의 효과를 극대화하기 위한 과제관리실, 교수자와 학습자 간의 사회적 상호작용을 증진시키기 위한 면담신청, 학습자의 학습부진이나 토론활동을 촉진하기 위한 독려메일, 학습자 상호간에 학습에 대한 도움을 주고받으며 교수적 상호작용을 증진시킬 수 있는 동료도움게시판, 동료 학습자 또는 다른 그룹원들의 우수한 결과물을 보며 비판 및 성찰의 기회를 가질 수 있는 갤러리 기능들을 설정하였다.

학습자의 능동성, 자기 주도 학습 혹은 자기 조절 학습 능력의 정도는 e-러닝의 성패에 중요한 영향을 미친다. 자기 조절 학습 능력은 학습자가 자신의 학습을 심화, 관리, 조절, 개선하려는 인지적 노력을 할 때 나타나는 것으로, 일종의 초인지 전략의 특성을 가지고 있음을 보여주고 있다. 이것은 학습과 관련하여 목표를 설정하고, 자기 점검을 하며, 자기 평가 및 자기 관리를 하는 능력을 의미한다.

한편, 자기 조절 학습이 인지적 측면 이외에도 학구적 자기 효능감 같은 동기적, 행동적 요소까지 포함하는 것으로 밝혀지고 있다. e-러닝에서 자기 주도 학습 혹은 자기 조절 학습 환경을 설계하기 위한 전략은 지금까지 크게 두 가지 방식으로 이루어지고 있다. 하나는 일반 교육과정의 설계에 자기 조절 학습 촉진 전략을 추가하는 방식이다. 다른 하나는 인터넷 기반의 학습관리체제(Learning Management System)에 자기 조절 학습 지원 전략을 통합하는 방식이다. 향후 학습 관리 체제가 개별 학습자의 모든 학습 계획과 반응 그리고 결과들을 저장하고 그에 따른 최적의 향후 학습 방안을 제시하는 기능까지 포함될 수 있다고 할 때, 다음 표에서 보여주는 자기 조절 학습 지원 기능은 한 가지 탐색적인 연구 방향을 제시한다고 볼 수 있다(임철일, 2003).

학습 관리 체제에 포함된 자기 조절 학습 지원 전략

수 준	웹 기반 자기 조절 학습 환경 요소	학습 지원 도구	특　　　　　성	구현 시점 / 방식
제1수준 (일반적 안내 설계 전략)	• 자기 조절 학습 능력 평가 및 조언하기 • 자기 학습방법, 목표 기술하기	• 자기 조절 학습 수준 진단 검사 • 학습목표	• 자기 조절 학습 검사를 실시한 직후 간단한 해석과 조언을 제공한다. • 자신의 학습 방법과 학습 목표를 기술한다.	학기 초 강좌 시작하기 전(또는 강의 첫 주차)에 실시
	• 최적의 물리적 환경 설정 유도하기	• 학습 환경 정리	모니터를 포함한 컴퓨터 환경 등을 최적화할 수 있는 지침을 제공한다.	강좌 첫 주차에 제시
	• 학습 상황 안내하기	학습상황 안내	웹 기반의 학습 환경에 접속할 때마다 자신의 학습 진도 상황을 제시함으로써 학업 시간을 관리하게 하는 전략이다.	매번 로그인하여 강의실에 입장할 때마다 제시
	• 전자 노트 작성 • 모범 전자 노트 제시	전자 노트	학습 도중 웹 상에서 학습 내용을 스스로 조직하고, 정리할 수 있도록 제공된다.	강의실 상단 프레임의 메뉴
	• 동료에게 질문하기 • 교사에게 질문하기 • 외부 전문가에게 질문하기	질의 응답	"동료에게 질문하기" "교수에게 질문하기" 유형은 게시판 형태로 제공되며 "전문가에게 질문하기"는 메일 리스트를 제공한다.	
	• 성찰적 기록 작성 • 모범 성찰적 일기의 제시	성찰 기록	학습을 통한 자신의 변한 모습을 반성적으로 기록할 수 있는 기능이다.	
제2수준 (학습내용 특성에 따른 설계 전략)	• 심화학습 자료 제시	심화학습	본문 내용 학습시 해당 페이지의 학습 내용을 보다 깊이 있게 다룰 수 있는 심화학습 또는 관련 사례, 보충 학습을 제공한다.	강의실 하단 프레임의 메뉴
	• 확인문제 제시	확인문제	본문 내용 학습시 해당 학습 페이지의 핵심 내용을 문제 형식으로 제공한다.	
	• 개념지도 제시	개념지도	현재 학습하고 있는 내용의 개념들 간의 연관성과 위계성을 보여준다.	
	• 상세목표 제시	성취목표 확인	현재 학습하고 있는 내용의 학습 목표를 각 절 단위로 구체적으로 명시함으로써 어느 정도의 성취수준에 이르러야 하는가를 확인할 수 있다.	
	• 시험 문항군 제시	시험 문항군	각 절이나 장이 끝나는 부분에 제시함으로써 학습자가 예상 문제를 통하여 자료 검토의 기회와 학습 내용을 적용하는 기회를 제공한다.	각 절 또는 각 절의 후반부에 연습 문제 제공
제3수준 (학습내용과 학습자 반응에 따른 설계 전략)	• 자신의 학습 경로 및 시간 제시 • 모범 학습자의 학습 경로 및 시간 제시	학습점검	자신의 학습 경로 및 시간, 동료 학습자들의 학습 경로 및 시간과 모범학습자의 학습 경로 및 시간을 볼 수 있으며, 효율적인 학습을 위한 조언을 받는다.	강의실 상단 프레임의 메뉴

(4) e-러닝의 교수 · 학습과 평가

❶ e-러닝의 유형

　유형은 성격이나 특징 따위가 공통적인 것들끼리 묶은 것을 말하므로, 유형을 논하기 위해서는 그것의 하위 대상이 있어야 한다. e-러닝 유형의 하위 대상으로 e-러닝의 교수 · 학습 모형들을 들 수 있다. 교수 · 학습 모형은 교수와 학습이 효과적으로 이루어질 수 있도록 관련된 변인들을 조직하는 방법을 제시해주고, 일정한 정도의 구조와 질서를 갖고 교수 · 학습의 현실을 표상한다. e-러닝의 유형은 어디까지를 하나의 모형으로 보느냐에 따라 그 종류의 수가 달라지게 되는데, 개별 모형들을 유형화하는 작업은 어떤 모형을 새롭게 개발하거나 정교화할 수 있는 가능성을 탐색할 수도 있게 한다. 여기서는 먼저 e-러닝의 유형을 살펴보고, 그 유형에 속하는 교수 · 학습 모형들 중에서 몇몇의 대표적인 것을 구체적으로 알아보겠다.

　e-러닝의 유형은 분류기준에 따라 다양하게 분류되고 있다. 전통적인 교실에서의 교육 유형 분류처럼 교수 · 학습 활동의 특성에 따라, 학습 이론에 따라, 웹의 특성을 적용한 학습 활동에 따라 행해지는 분류 등이 있다.

　전통적인 교실 수업에서 활용되는 교수 · 학습 유형을 크게 분류하면 교수자 중심의 내용전달형과 학습자 중심의 탐구형으로 나눌 수 있으며, 세부적으로 볼 때 내용전달형으로는 강의식 수업, 문답식 수업 등이 있고, 학생 중심의 탐구형 수업으로는 토론식 수업, 발견식 수업, 문제해결식 수업, 협동학습 등이 있다. e-러닝에서도 마찬가지로 이러한 교수 · 학습 유형을 적절히 활용하여 수업을 전개해 나갈 수 있다. 다만 e-러닝은 인터넷의 웹을 통하여 수업이 이루어지므로, 웹의 특성을 고려했을 때 어떤 유형의 교수·학습 방식이 적합하며 또한 이를 위하여 실제로 온라인상 어떻게 수업을 전개할 것인가에 관한 고려는 미리 염두에 두어야 할 필요가 있다. 예컨대, e-러닝에서 활용할 수 있는 교수·학습 유형을 다음 표와 같이 분류하여, 그 유형이 활용되는 경향을 살펴볼 수 있다(임병노, 2004).

e-러닝에서 활용할 수 있는 교수·학습 유형

교수·학습 유형		특　　　성
내용전달형	정보제공	• 하이퍼링크를 활용한 관련 정보와의 다양한 연계 • 정보탐색 기술의 연마 및 활용
	자율학습	• 수업내용의 세분화 및 체계적 제시 • 반복연습 및 반성적 사고, 적용의 기회 제공
탐　구　형	질의응답	• 교수자와 학습자 간의 질의-응답을 통한 수업 진행 • 전자우편, 게시판, 질의-응답 코너 적극적 활용
	문제해결	• 주어진 문제 상황에 대한 창의적 해결 활동 • 주제별 토론식 수업 전개(실시간 / 비실시간 상호작용)
	협동학습	• 협동목표 구조, 공동과제 구조로 운영 • 소집단 내에서 역동적 상호작용을 통한 학습 • 개별보상이나 집단보상을 적절히 제공

위 표에서 제시된 교수·학습 유형 중 e-러닝에서 가장 많이 활용되는 유형으로는 자율학습과 문제해결수업을 들 수 있다. 웹에서 이루어지는 자율학습형이란 학습자들이 교수자에 의해 사전에 계획된 학습내용을 내용의 계열이나 학습시기 등을 스스로 관리해 가면서 자신

의 학습 패턴이나 스타일에 맞게 자율적으로 학습하는 유형을 말한다. 반면에 문제해결수업은 특정의 문제나 문제 상황이 제시되고 다양한 웹사이트 검색과 동료 학습자들 간의 활발한 상호작용을 통해 학습자 스스로 문제를 해결해 나가는 유형을 말하며, 주로 토론 중심의 수업이나 세미나 형태의 수업, 혹은 창의적 문제해결 능력을 기르고자 하는 수업에 많이 활용된다. 최근 e-러닝에서 상호작용의 중요성이 강조되면서 이 같은 문제해결형 코스를 설계하고 개발하려는 움직임이 많이 일어나고 있다.

e-러닝은 컴퓨터상에서 제공되지만, 각 프로그램들은 나름대로 학습에 대한 이론적 관점들을 반영하고 있다. 이 관점들은 정보 획득으로서의 학습, 반응 강화로서의 학습, 지식 구성으로서의 학습 등이다(Clark & Mayer, 2003).

학습을 정보 획득이라는 관점에서 보게 되면, 학습이란 곧 사람의 기억 창고에 정보를 추가하는 과정을 의미하게 된다. 이 관점에서 볼 때에 유용한 교수방법이란 가능한 많은 정보를 효율적으로 제시하는 것이다 - 스크린상에 빼곡하게 글자를 적어 전달하는 것처럼. 이러한 교수설계 형태는 학습 목표의 달성보다는 정보 제공만을 위해 설계된 e-러닝에서 공통으로 발견된다.

반응 강화 관점에 따르면, 학습은 자극(2+2=?)과 반응(4) 사이의 연합을 강화하거나 소거시키는 식이 된다. 이러한 관점에서 유용한 교수방법은 반복 연습인데, 여기서 교사는 질문을 하고 올바른 답에 대해서는 보상을 주고, 틀린 답에 대해서는 처벌을 내리게 된다. 학습자가할 일은 질문에 최선을 다해 답하고, 교사의 피드백에 근거하여 답을 수정하고 보완해 가는 것이 된다. 이 관점은 소프트웨어 사용자 기능같이 반복된 숙련이 필요한 절차적 지식을 가르치는 e-러닝에서 자주 사용된다.

지식 구성 관점에 따르면 학습은 학습자가 일관된 정신적 표상 체계를 스스로 구성하게 될 때 일어난다. 이 방식에 따르면 교수자가 할 일은 인지적 안내자로서 학습자를 돕는 것이며, 학습자가 할 일은 관련 문제를 해결하는 상황 속에서 제시되는 학습 관련 정보를 맥락적으로 이해하고 터득하는 것이다.

이 세 가지 학습관은 나름대로 특징과 장점을 가지고 있는데, 어떤 관점을 취하든 간에 학습자가 주도하는 지식의 구성이 반드시 일어나야 한다고 생각한다. 더구나 지식의 구성이 보다 효과적으로 일어나기 위해서는 교수방법이 학습의 인지 과정을 지원할 수 있어야만 한다.

웹의 특성을 적용한 학습 활동에 따른 e-러닝의 유형도 세부 분류 기준에 따라 다양하게 나타난다. 먼저 운영 목적에 따른 유형을 보면, 학급 운영 유형, 교육 정보·교수 자료 제공 유형, 학생참여 학습 활동 유형으로 나눌 수 있다. 상호작용의 특성에 따라 분류하면, 정보검색 유형 – 학습 내용과 학생 상호작용, 지식 구성 유형 – 교사와 학생 상호작용, 협력학습 유형 – 학생과 학생 상호작용의 세 가지가 있다. 웹의 정보를 접근할 수 있는 권리를 제시하는 형태에 따라서는 개방형, 반개방형, 폐쇄형으로 분류할 수 있다. 웹의 기능에 따라서는 의사소통(정보교환), 정보탐색, 정보의 생성과 공유의 세 가지 유형이 있다. 그리고 웹을 수업 운영에 어떻게 활용하는가에 따라서, 완전히 사이버 환경에서 교수·학습 활동이 일어나는 사이버형(웹의존 수업), 사이버 환경과 면대면 환경을 복합적으로 사용하는 블렌디드형(Blended

Learning, 웹병행 수업), 정규 교수·학습 활동은 면대면 환경에서 이루어지고 추가적, 보충적으로 온라인을 이용하는 보조형(웹보조 수업)의 세 가지 유형이 있다(홍경선, 2004).

최근 e-러닝을 도입하고 운영하고 있는 학교 및 기업교육 기관에서 학습효과를 향상시키고 업무성과를 극대화시키기 위하여 활용하고 있는 대표적인 교수설계 전략 중 하나는 바로 혼합형 학습, 즉 Blended Learning이라 할 수 있다. Blended Learning은 일반적으로 e-러닝을 통해 전통적인 면대면 교육방식이 갖고 있던 시간과 공간상의 제약 및 상호작용성의 한계를 극복하려던 노력에서 한 걸음 더 나아가, e-러닝 교육 방식에 전통적인 면대면 교육방식이 갖고 있는 교육적 장점을 결합, 적절히 활용함으로써 학습효과를 극대화하기 위한 설계 전략으로 알려져 있다. Blended Learning은 단지 온라인과 오프라인 학습 환경만을 결합하는 것이 아니라 학습목표, 학습방법, 학습시간과 공간, 학습활동, 학습매체, 상호작용 방식 등 다양한 학습 요소들의 결합을 통해 최상의 학습효과를 도출해 내기 위한 e-러닝 설계전략으로 그 개념과 영역이 확장되고 있다. 학교교육에서 적합한 Blended Learning 설계모형을 정립할 때 우선적으로 수행해야 할 일은, 교실수업 환경과 사이버학습 환경이 어떤 점에서 같거나 다른지, 어떤 유형의 학습전략을 사용하는 데에 교실수업 혹은 사이버학습 환경이 더 적절한지를 파악하는 것이다. 다음 표는 교실환경에서의 학습전략과 그에 따른 사이버공간에서의 학습전략을 상호 비교해 놓은 것이다(서대원 외, 2003).

교실 및 사이버 환경에서의 학습전략 비교

교실 환경에서의 학습 전략	사이버 환경에서의 학습 전략	고려 사항
1. 교수자의 학습자료 설명	강의실에 제시된 학습자료 읽기 혹은 음성 파일을 이용한 설명 제공	교수자의 언어적 미묘성, 사실적 표현, 신체적 언어가 상실될 수 있음.
2. 교수자의 예문 제시	시뮬레이션을 이용한 제시 혹은 음성파일을 이용한 제시	시뮬레이션은 애니메이션, 동영상 등으로 제작될 수 있는데, 비용과 상황에 따라 제작 방식이 결정될 수 있음.
3. 교수자의 내용 정리	자료실에 관련 학습자료 제시	다양한 형태로 제공 가능
4. 교수자의 참고자료 제시	자료실과 WWW Site를 이용한 참고자료 제시 가능	다양한 형태로 제공 가능
5. 교수자에게 질문하기	전자우편, 전자게시판의 질의·응답코너 등을 이용하여 가능	구어 질문과 전자 텍스트 질문 작성에 각각 장단점이 있을 수 있음.
6. 학습자 질문 및 교수자 답변	게시판, 화이트보드 등을 이용하여 가능	즉시성이 떨어질 수 있으나, 실시간 컨퍼런싱으로 어느 정도 극복 가능
7. 학습 자간 그룹토의 및 그룹지도	토론실, 전자우편, 대화방(Chat) 등을 이용하여 구현	학습자들은 이러한 기계를 이용하기 위해서 많은 시간을 필요로 하기 때문에 학습일정을 맞추기 위해서 많은 노력을 해야 함.
8. 수업시간 외의 비공식적 면담 활동	게시판, 전자우편, 대화방을 이용하여 가능	학습자들 간의 상호작용의 시간이 확장되므로 학습시간과 장소를 제한할 필요가 없음.
9. 수업시간 중 실습	학습장소에서 사전에 개발된 특정 프로그램을 이용하여 구현	프로그램이나 환경 여하에 따라서 어려울 수 있음.
10. 수업시간 중 연습문제 풀이	다양한 연습문제의 반복적 제공 가능, 결과의 즉각적 확인이 가능	즉각적 결과 확인은 가능하나 교수자의 직접적인 도움이 제공되기 어려울 수도 있음.
11. 수업시간 이외의 학습 과제물 작성	시공을 초월해 교실 수업 이외 시간에 편한 장소에서 학습과제물 작성 가능	노트정리 기능, 책갈피 기능, 검색 기능 등 여러 가지 지원기제 활용 가능

서울시 교육청의 사이버 가정학습 사이트 '꿀맛닷컴'의 초기 화면

❷ e-러닝의 교수 · 학습 모형

교수 · 학습 모형은 흔히 실제 수업상의 일반적 절차와 특정 상황에 따른 전략의 범주를 지칭한다. 이것은 주어진 학습 환경 속에서 실제 수업시 최대의 결과를 성취해 낼 수 있도록 학습의 요인들을 조직하는 방법이라고 말할 수 있다. 학습의 최대의 결과에 이르는 방법은 학습 활동을 구성하는 요인들에 따라 달라지므로 교수 · 학습 모형도 학습 활동의 요인에 따라 다양한 모습을 띠게 된다. 교수 설계의 과정에서 교수 · 학습 모형이 개발되면 이를 고려하여 수업 설계서가 작성되고, 수업 설계서를 바탕으로 스토리보드가 설계된다.

이인숙(2002)에서는 대규모 수강생을 대상으로 새로운 정보의 전달에 치중하는 연연형, 문제를 제기하고 해결해 나가는 문제해결형 등 e-러닝 교수 · 학습 모형도 교과 특성, 학습자 특성, 교수자 특성, 기관의 여건 등 다양한 요인의 복합적인 특성에 따라서 여러 대안적 접근이 가능하다고 하며, 대표적인 것으로 사례분석형, 시연형, 문제해결형, Kolb의 교수모형, 연역적인 교수모형 등을 제시한다. 본서에서는 초 · 중등학교에서의 활용을 목적으로 개발된 e-러닝의 교수 · 학습 모형들에 대하여 알아본다.

지식정보화 사회에서는 새로운 지식과 기술이 폭발적으로 산출되고 지식이나 기술 분야의 기존의 경계가 무너지고 새롭게 융합하는 속도가 매우 빠르므로, 한 개인이 개별적으로 학습하는 것보다 여러 분야의 개인들이 상호 간 지원을 제공하여 학습하는 것이 개인적으로나 사회적으로 더 효율적인 경우가 많게 된다. 이리하여 학습을 위한 공동체−학습공동체의 필요성이 등장하게 되고, 교수 · 학습 모형을 설계할 때에 학습공동체를 형성하는 방식을 도입하는 것이 필요하다.

학습공동체는 공동의 학습목표를 가진 개인들이 모여 자신들의 지식과 경험을 공유하고 이를 기반으로 새로운 지식과 경험을 계발하면서 개인과 공동체가 동시에 성장하는 학습 문화를 가진 집단을 의미한다. 학습공동체의 특성은 다음과 같다(강명희, 2005).

① 학습자 중심의 학습 환경 제공

학습공동체는 학습자가 개별적으로 또는 공동으로 의미를 구성하고 지식을 창출하는 학습자 중심 학습 환경이다. 물론 교사는 학습자를 지원하고 지도하는 역할을 수행하지만 학급 안에서 일어나는 학습활동은 많은 부분 학습자가 주도하여 시작되고 운영되는 것이다. 이러한 학습 환경을 교육공학의 용어로 구성주의 학습 환경이라고도 하며, 그 특성으로 능동적, 구성적, 협력적, 실제적, 목적 지향적 학습 활동의 다섯 가지가 포함된다.

② 다양한 공동체 활동 인정

학습공동체에는 몇 가지 유형이 있을 수 있다. 학생과 교사, 학생, 교사 그리고 전문가 집단, 교사와 학부모, 학생들로만 구성된 공동체가 있을 뿐 아니라, 공동체의 내적 활동과 공동체 간의 활동 등 다양하다. 이러한 학습공동체 활동은 학습을 활성화시키는 데 주요한 활력소가 된다. 더욱이 학습공동체는 한번 형성된 공동체의 구성원을 계속 가지고 가는 고정적인 개념이 아니고, 주제와 학습 환경에 따라 그 구성원이 변하고 성장하는 동적인 공동체가 되어야 한다.

③ 구성원이 수평적인 관계 유지

교사는 자신의 역할을 유일한 권위자로 보지 않고 활동의 조정자 또는 촉진자로서 자신의 임무를 수행한다. 가르치는 역할을 최대한 다양한 사람들, 예를 들면 관련 분야 전문가, 학부모, 지역사회 전문가 그리고 동료 학생들에게 맡기는 것이다. 교사는 특정 교과 내에 있는 모든 내용을 심도 있게 알고 있지는 못한다. 자신이 가지고 있는 강한 분야가 있는가 하면, 취약한 분야도 있을 것이다. 따라서 교사는 동료 교사들과 공동으로 작업하면서 자신의 강점을 공유하고 취약한 부분에 대해서는 도움을 받는 형태의 교사 공동체 또한 학습공통체가 되어야 한다.

e-러닝 교육 방식에 전통적인 면대면 교육 방식이 갖고 있는 장점을 결합하여 학습 효과를 높이는 혼합교육(Blended Learning) 유형을 교수설계 전략으로 하고, 학습공동체를 기반으로 한 교수·학습 모형들을 개발한 연구(서대원, 2003)가 있는데, 이 중에서 '탐구학습의 구조 : 구성 요소 및 절차'를 보면 다음과 같다.

커뮤니티 기반 탐구학습의 구조 : 구성요소 및 절차

기본 단계	세부 진행 절차	Blended-Learning · 공동체 구축
탐구문제의 제기 · 확인	• 학습목표 및 문제인식 • 팀 구성 및 탐구문제 결정	■ Blended-Learning 전략 • 문제 및 목표 공유(오프라인), 공유 전략 습득과 의사소통 방법 숙지(온라인), 온 클래스 · 협동학습 중심 ■ 공동체 구축 • 우호적인 분위기 형성 / 역할 분담

탐구방법 및 일정 수립	• 탐구방법 결정 • 탐구과정 결정 • 팀 역할 분담	■ Blended-Learning 전략 • 탐구방법 및 일정 수립 – 활동 및 방법의 수립을 위해 온라인 · 오프라인 환경, 온클래스 · 오프클래스 환 경, 협동학습 · 개별학습 전략을 모두 유사한 비중으로 활용함.
탐구 · 조사 활동	• 가설 설정 · 검증 • 관련 자원 수집 • 분석 · 종합과 공유 • 협동학습	• 탐구 · 조사 활동 – 자료수집은 온라인 · 오프클래스 · 개별학습이 중심이 되며, 자료분석 및 아이디 어 공유는 오프라인 · 온클래스 · 협동학습이 중심이 됨.
탐구결과 도출 및 적용	• 결론 도출 및 적용 • 결과보고서 • 발표 및 토론	• 탐구결과 도출 및 적용 – 학습결과의 정리는 온라인 · 오프라인 · 오프클래스 · 협동학습, 발표는 오프라 인 · 온클래스 · 협동학습 중심 ■ 공동체 구축 • 원활한 의사소통 체계와 규칙 마련 • 다중적 관점의 이해
탐구과정 성찰과 평가	• 결과물 평가 • 탐구과정 성찰	■ Blended-Learning 전략 • 온라인 · 오프클래스 · 개별학습이 중심이며, 협동학습으로 보조함. ■ 공동체 구축 • 탐구주제의 확장 / 지속적 공동탐구

　교육인적자원부(2006)에서는 초 · 중등학교에서 정보통신기술(Information and Communication Technology)의 내용을 지도하고, 교과별로 정보통신기술을 활용하는 방안을 설명하는 운영지침을 제시한다. 정보통신기술을 활용하는 교육 – ICT 활용교육은 각 교과 시간에 정보통신 기기를 활용하여 교과의 목표를 가장 효과적으로 달성하기 위한 교육 활동으로 정보통신 기술을 도구적으로 활용하여 학습자의 동기 유발과 자기 주도적 학습 능력을 신장하려는 교육활동이다(조인진 외, 2005). ICT 활용교육의 이러한 정의에 의하면 ICT 활용교육은 e-러닝의 유형 중에서 혼합교육(Blended-Learning)에 속한다고 볼 수 있다. 정보통신기술 교육은 컴퓨터라

는 교과 내에서 지식이나 기술을 쌓는 범위가 아니라, 각 교과 교육의 교수·학습 방법으로, 또는 교과 교육의 한 내용으로 되고 있다. ICT 활용교육은 모든 교과에서 이루어져야 하는 것이지만 각 교과에서의 ICT 활용교육의 방법이나 수준이 동일하게 이루어질 수 있는 것은 아니다. 교과별 활용 방법(예시)을 간략하게 보면 다음과 같다(교육인적자원부, 2006).

교과별 ICT 활용 방법(예시)

국 어 과	도 덕 과	사 회 과
• 텍스트 상호성 이해 • 비판적 사고력 신장 • 문제 해결력 강화 • 어휘력(문식성) 강화 • 의사소통 능력 강화 • 문학(언어) 현상의 이해 • 발산적 사고와 창의적 언어 사용	• 감정이입 능력 증대 • 도덕정보 수집을 통한 문제 해결 • 도덕적 판단 능력 강화 • 도덕적 토론 능력 강화 • 집단 탐구 학습 능력 증대 • 도덕적 실천 의지 함양 • 도덕적 경험 공유 • 도덕적, 반성적 경험 표현	• 사회 현상의 이해 • 반성적 탐구 설계 및 수행 • 대안이나 결론 도출 및 평가 • 가치판단 및 의사 결정 • 사회 문제에 대한 토의 및 토론 • 사회 참여
수 학 과	과 학 과	실과(기술·가정)
• 수의 어림 및 규칙 찾기 • 수와 도형의 기본 개념 및 절차 이해 • 통계 자료 표현 방법 이해 • 함수 개념 이해 및 탐구 • 수학적 귀납 추론 능력 신장 • 수학 정보 탐색을 통한 문제 해결 • 수학적 의사소통	• 자연현상에 대한 흥미와 호기심 • 과학의 기본 개념 이해 • 과학 개념의 실생활 적용 • 과학적 탐구 능력 향상 • 과학적 탐구 능력의 실생활 활용 • 과학적 태도 함양 • 과학적 소양 함양 • 과학이 기술과 사회에 미치는 영향 인식	• 생활 소양 • 실생활 체험 • 실생활 문제 해결력 강화 • 기술적 소양 • 기술적 활동 체험 • 기술적 문제 해결력 강화 • 가정생활 소양 • 가정생활 체험 • 가정생활의 실천적 문제 해결력 강화

체 육 과	음 악 과	미 술 과
• 운동 실기 수행 증진 • 스포츠와 무용의 심미적 요소 감상 • 게임 전술 관련 고등 사고력 증진 • 사회적 상호작용 함양 • 스포츠 경기 문화 감상 • 건강과 여가 증진	• 음악의 기본 개념의 이해 • 가창 능력 향상 • 기악 능력 향상 • 창작 능력 향상 • 감상 능력 향상 • 음악에 대한 문제 해결력 신장	• 영상 문화 이해 • 미술 정보 탐색을 통한 문제 해결 • 이미지 제작 능력 함양 • 이미지 변형 능력 함양 • 창의적 조형 능력 함양 • 매체 활용 능력 강화 • 미술 정보 상호 교류 • 비판적 수용 능력 향상
영 어 과	음 악 과	미 술 과
• 음성 언어 메시지 이해 • 음성 언어 메시지 표현 • 문자 언어 메시지 이해 • 문자 언어 메시지 표현 • 음성 및 문자 언어를 통한 상호작용 • 언어적 요소 학습 • 비언어적 의사소통 방식 및 생활 양식 학습		

이어서 앞에서 기술한 교과들 중에서 국어과에서의 ICT 활용의 유용성, 그리고 ICT를 활용하기 위해 개발된 교수·학습 모형에 대하여 한태명 외(2003)를 참조하여 알아보겠다.

국어과에서 ICT 활용 연구는 ICT라는 정보통신기술로 세분화하여 이루어지기보다는 매체의 활용 혹은 매체 언어 교육이라는 보다 폭넓은 관점에서 이루어졌다. 이는 범람하고 있는 미디어와 정보의 영향권에서 제시된 정보를 비판적으로 이해하고 수용하는 문제가 점점 중요해지면서, 국어교육 고유의 내용 영역을 확장할 필요성이 제기되었기 때문이고, 또 새로운 국어 수업 방법 탐색의 차원에서 매체 활용이 관심의 대상이 되었기 때문이다. 국어과에서의 ICT 활용의 유용성을 살펴보면 다음과 같다.

① 자발적 학습 동기의 원천

ICT 활용 교육의 가장 주된 매체는 인터넷이다. 인터넷은 국어교육에서 필요로 하는 다양한 읽기 자료와 쓰기 자료 공간을 무한대로 제공하며, 교수자와 학습자 간의 연결을 항시적으로 가능하게 한다.

② 역동적인 언어 자료의 보고와 의사소통 활동의 장

매체에서 사용되는 언어는 당대의 언어사용의 실태와 양상을 잘 보여주므로, 언어 / 문학 현상의 다면성과 역동성을 가장 잘 구현할 수 있는 공간은 바로 ICT 활용 공간이다. 이 공간은 언어 사용의 역동성과 쌍방향성을 최대한 살릴 수 있게 한다.

③ 발산적 활동과 비판적 변용력 적용의 장

같은 문장이나 말이라도 그 표현되는 맥락에 따라 매우 다양한 의미를 파생시킬 수 있기 때문에 그것을 적절하게 구사할 수 있는 능력의 배양이 국어교육에서 무엇보다도 중요하다. 주어진 글이나 말을 다른 양식으로 변용해 보는 방법은, 발산적 활동을 할 때에 매우 효과적이다.

④ 국어 생활 문화의 경험 및 실험의 장

언어활동 능력을 기르기 위한 교수·학습 과정에서는 학습자가 거리감을 느끼지 않고 생활 주변의 실제적인 것으로 받아들일 수 있는 제재가 필요하다. 그렇다고 해서 제재들이 지나치게 학습자의 일상에 기울어진다면 그 또한 자의적이고 개별적인 언어활동으로 이루어질 우려도 있다. 국어교육에서 문화의 개념이 필요한 이유가 바로 여기에 있다. 생활을 지향하면서도 문화로서의 속성도 지니고 있는 ICT 활용 교육의 교육적 수용은 이런 점에서 가치를 발한다.

ICT 활용에 효과적으로 쓰이고 있는 교수·학습 모형으로는 프로젝트 학습 모형, 자료 기반 학습 모형, 문제해결 학습 모형, 주제 탐구 모형, 협력 학습 모형, 토론 학습 모형, 조사 학습 모형 등이 있다. 이 모형들은 교과의 내용 영역에 종속되지 않고 ICT의 교육적 기능들을 효과적으로 구현할 수 있다는 특징을 지니지만, 국어 교과의 교수·학습에 활용되기에는 광범위한 주제의 적용과 일부 모형의 경우 주제 종속적으로 제한되는 문제를 갖고 있다. 이러한 문제를 고려하여 국어과에서 ICT를 활용하기 위한 모형으로 직접교수 모형, 창의성 계발 학습 모형, 문제 해결 학습 모형, 협력학습 모형의 네 가지를 도출할 수 있다. 이 중에서 창의성 계발 학습 모형의 구조를 살펴보면 다음과 같다.

국어과의 창의성 계발 학습 모형의 구조

교수 · 학습 과정		교사 ICT	학생 ICT
인식하기	• 작품 확인 • 문제 분석 • 문제 재진술	• 문제 제시-멀티미디어 자료 • 사례 제시-인터넷, CD-ROM, 실물화상기를 통한 텍스트 제시 • 시범보이기-이미지, 그래프, 동영상, 인터넷 검색 등을 다양하게 활용하여 작품에 대한 정보를 안내하며 시범을 보임.	
작품과 대화하기	• 작품을 다른 각도에서 검토 • 작가와 대화 • 인물과 대화 • 현실세계와 대화		• 다양한 사례 탐색-인터넷 검색 • 말하기 듣기 영역-토론하기의 근거 자료 수집, 주제를 효과적으로 나타내기 위해 보조자료 활용 • 읽기 영역-텍스트의 특징 · 뜻풀이 인터넷 검색하여 찾기 • 쓰기 영역-설득하는 글쓰기 근거 찾기 • 문학 영역-인터넷 이용한 작품탐방, 작가와의 대화, 등장인물과 문학의 세계 탐방하기, 문학동호회, 문학 사이트 접속하기
작품과 상호작용 하기	• 텍스트 상호과정 • 집단 토의 • 작품 평가		• 탐색한 사례를 활용한 자료 조작 -WP, PPT 등 -웹에 게시 • 말하기 듣기 영역-ICT 이용해 토론하기, 보조 자료 이용해 말하기 • 읽기 영역-텍스트의 의미, 성격, 유의점 등을 ICT 이용해 발표하기 • 쓰기 영역-자신의 글 탑재, 다른 사람의 글에 대한 답글 쓰기 • 문학 영역-웹 시 만들기, 웹 소설 만들기, 릴레이식 소설 쓰기, 등장인물에게 이메일 쓰기
가치화하기	• 일반적인 상황에 적용 • 사고 유보 • 적용, 실천, 조정 가능성 탐색		• 학습내용 정리 및 요약 -자료 탑재 및 자료 공유하기 -웹 게시판에 올리기, 웹 출판하기 -일반화 내용을 PPT, WP로 작성

에듀넷의 온라인 학습방 화면

❸ e-러닝의 평가

　일반 교육의 평가와 동일하게 e-러닝에서의 평가도 평가 대상의 차이에 따라서 크게 두 가지로 나뉜다. 하나는 e-러닝 학습자에 대한 평가이고 다른 하나는 e-러닝 프로그램에 대한 평가이다. 학습자 평가는 크게 과정 평가와 결과 평가로 나누어진다. 과정 평가는 학습자가 학습 과정에 참여하는 수준에 대한 평가를 의미하는 것으로, 최근 일반 교육과 e-러닝에서 중요하게 인식되고 있다. 여기서는 학습자가 e-러닝 과정에 접속한 횟수, 연습 문제 답변, 토론에 참여하는 수준 등을 평가한다. 결과 평가는 학습 후 학습자들이 작성한 시험지나 과제물에서의 학습의 질과 양을 평가하는 것이다.

　학습자 평가에서 중요한 문제는 목적과 목표를 분명하게 설정하는 것이며, 또한 설정한 목표들을 냉정하게 평가하기 위해서 평가 기준을 개발하는 것이다. 이 문제는 특히 문제 해결 학습이나 인지 과정의 전략적 수준의 학습에서 중요한데, 그런 과정에 대해서 알려진 바가 많지 않다. 문제 해결과 같은 고차적 수준의 학습 결과는 양적 자료로 변환하기가 쉽지 않기 때문이다. 사전에 명세화된 목적에 비추어 학습 평가를 할 때 봉착하는 두 번째 문제는 그것이 안내된 학습(directed learning)에만 제한된다는 점이다. 구성주의 학습 관점에 근거한 수업 접근이라면 학습자가 자신의 지식을 실제적으로 구성할 수 있는 풍부한 학습 환경을 제공해야 하고, 학습자의 개인적 학습 목표에도 기반을 두어야 할 것이다. 이러한 문제 이외에 교수 환경과 학습자 간의 상호작용에 대한 평가가 이루어져야 한다. 그런 평가는 교수자가 구체화시킨 학습목표에 초점을 주어야 할 것이며, 학습자가 설정한 목적과 일관성 있는 방식으로 학습의 결과물과 학습 과정 모두를 평가해야 한다.

　이러한 평가의 문제를 해결하기 위해서는 여러 가지 평가 방법을 적용해 보는 노력이 필요하다. 첫째, 새로운 기술을 처음 적용한 프로그램에서는 광범위하고 다양한 기초 자료를 모으는데 특히 관심을 두어야 한다. 그런 자료들은 실험을 구축하거나 평가 결과를 설명하는 데도 이용할 수 있다. 둘째, 학습 과정을 평가하는 데 입증된 방법이 드물기 때문에, 학습 과정 중에 나타나는 행동 패턴을 여러 가지 관점에서 관찰하고 분석해야 한다. 관찰 결과들을 비교함으로써 방법과 결과들 간의 인과관계를 연구하고 일반화할 수 있는 도구와 증거를 모은다. 마지막으로 평가의 근본적인 목적이 학습 결과뿐만 아니라 학습 과정을 평가하는 것이므로 여러 단계에서 학습 과정을 관찰하고 평가해야 한다. 그래서 자료 수집은 일정한 간격을 두고 적용된 별개의 척도가 아닌 과정을 분석해야 하기 때문에 '실시간적'으로 이루어져야 한다. 새로운 기술을 활용하는 학습 과정과 결과를 보려면 평가에서 다양한 방법이 사용되어야 한다. 하이퍼미디어는 학습자와 시스템간의 상호작용을 포착할 수 있다. 그러므로 평가 방법으로서 컴퓨터가 모니터하는 자료 수집 방법을 반드시 포함해야 한다(Jonassen & Mandl, 1989).

　e-러닝에서는 다양한 평가 도구들을 활용할 수 있는데, 개인 시험, 집단 토론 참여, 질문, 포트폴리오 개발 등이 학습자 평가 방법으로 활용되고 있다. 그런데 e-러닝 환경의 융동성과 개방적인 특징을 고려할 때 학습자에 대한 원격 평가는 쉬운 일이 아니다. 특히 e-러닝 학습자 평가에서는 부정 행위에 대한 문제가 가장 중요한 사항이다. "학생들이 실제로 과제를 하

고 있는가?", "어떻게 우리가 공정하고 정확한 판단을 할 수 있을 것인가?" 등 이러한 문제들은 온라인 학습에서 항상 있는 문제점이다. 특히 온라인 토론에 참여하고 있는 학습자들을 대상으로 참여 정도를 평가하는 것은 매우 어려운 일이며, 드러나지 않게 학습하는 학습자를 평가하는 것은 더욱 어렵다. 이러한 문제점들을 해결하기 위하여 다음의 항목들을 하나씩 짚어보면서 e-러닝 평가를 기획하면 도움이 많이 될 것이다(Khan, 2004).

- 코스의 다양한 영역에서 학습자 평가가 어떻게 실시되고 있는가?
  (사전 검사, 사후 검사, 진단 검사, 주제 / 연구 보고서, 그룹 프로젝트, 개별 프로젝트, 온라인 발표, 과제, 시험감독관이 있는 온라인 시험, 시험감독관이 있는 필기 시험, 포트폴리오 개발, 사례 연구, 실험실 보고서, 개인 논문, 해당 없음, 기타)
- 사용하는 평가 유형이 콘텐츠 유형에 적합한가?
- 코스에서는 어떠한 시험유형들이 사용되는가?(예를 들면, 선다형, 진위형, 빈칸 메우기, 단답형, 장문형, 무작위 퀴즈, 시간 제한이 있는 퀴즈, 다시 풀기가 가능한 퀴즈 등)
- 개별 학습목표에 대한 시험 형식은 적합한가?
- 평가과정에서 학습자들은 코스를 통하여 학습한 것을 보여줄 수 있는 기회를 가지는가?
- 학습자들에게 분명한 평가 기준을 제공하는가?
- 과제에 대한 교수자의 피드백 제공 시한은 어떠한가?
- 학습자들이 해당 과제를 완료할 충분한 시간을 가지는가?
- 학습자들의 참여를 확인하기 위해 일정한 기간(적어도 일주일에 한 번) 동안 웹사이트에 로그인 하도록 하는가?
- 만약 '예'라면 교수자 혹은 촉진자들은 결석한 학생들과 연락하는가?
- 학습자들이 온라인 토론에 참여하도록 하는가? 그렇다면 그 방법은 무엇인가?
- 학습자들은 토론 참여가 성적에 영향을 준다는 것을 분명하게 알고 있는가?

- 학습자 수행 분석 후 문제를 정교화하는가?
- 과정 중에 온라인 테스트 기능이 제공되는가?
- 그렇다면 온라인 테스트 기능은 멀티미디어 요소(오디오, 비디오, 이미지 등)를 포함하는가?
- 만약 감독관이 있다면 학생의 정보는 어떻게 확인하는가?
- 평가시, 과제 제출기한을 지키지 않은 학습자에게 불이익을 주는가?
- 학습자들은 기말 학점에 영향을 주는 퀴즈, 에세이, 시험 또는 과제에 주어진 점수에 대해 이의를 제기할 수 있는가?

　e-러닝을 포함한 원격교육의 평가에서 학습자에 대한 평가와 더불어 프로그램에 대한 평가도 중요하다. 프로그램에 대한 평가 여부에 따라서 기존의 프로그램을 수정·보완하여 지속적으로 운영할 것인가 아니면 중지할 것인가에 관한 정책적인 결정이 내려지기 때문이다. 프로그램의 효과성에 대한 평가는 효과성이 어떤 측면을 고려할 것인가에 따라서 상이한 요소들과 접근들이 있다. 대표적인 접근 중의 하나로 우들리와 커크우드(Woodley & Kirkwood)는 영국 개방대학의 원격교육 프로그램에 대한 평가 절차를 기술하면서, 양적, 실증주의적 접근과 질적, 자연주의적 접근이라는 두 개의 대안적 평가 전략의 통합적 활용을 제안하고 있다. 통합적 활용 전략에 따르면 활동 측정, 효율성 측정, 결과 측정, 프로그램 목적 측정, 정책 측정, 조직 측정 등의 6가지의 원격교육 프로그램 평가 범주가 있다. 한편 포춘과 케이스(Fortune & Keith)는 원격교육 프로그램 프로젝트에 대한 평가를 위하여 AEIOU 접근을 제안하고 있다. 이 접근은 미국 내 몇몇 원격교육 프로그램의 평가 과정에 성공적으로 적용된 것으로 앞의 우들리와 커크우드의 접근과 유사하다. AEIOU 접근은 책

무성(Accountability), 효과성(Effectiveness), 영향력(Impact), 조직 맥락(Organizational context), 기대치 않은 결과(Unanticipated consequences)의 다섯 가지 평가 범주를 포함하고 있다(임철일, 2003).

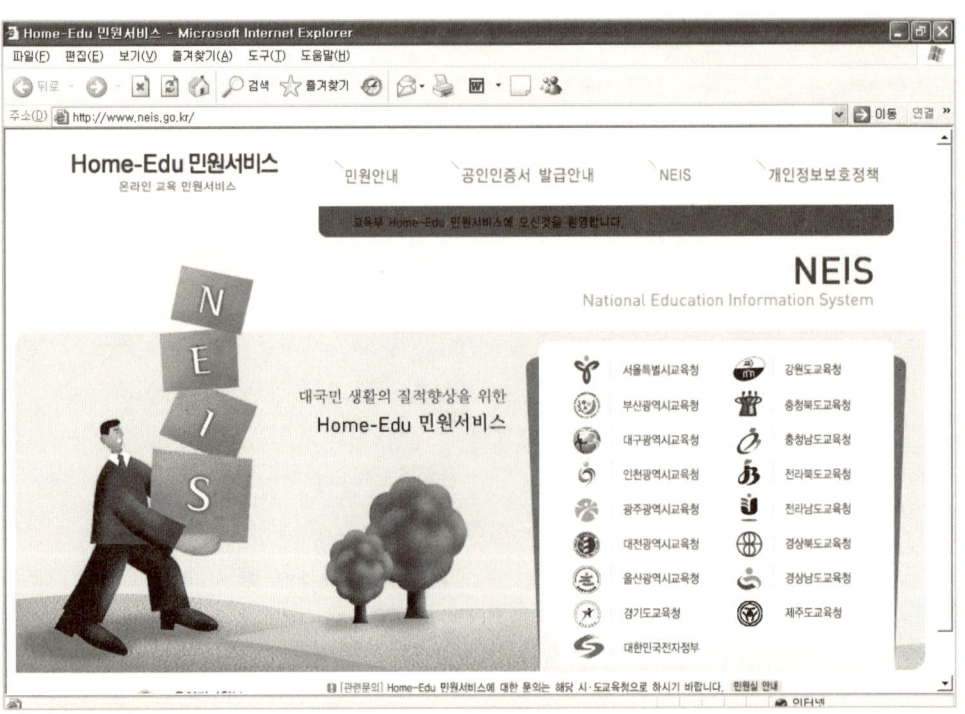

온라인 교육 민원 서비스 사이트 초기 화면

에듀테인먼트

— 실제와 창작방법론

Edutainment

제2부는 에듀테인먼트의 실제와 창작방법론을 밝히는 데 목적이 있다. 오락적 형식을 통해 지식과 정보를 전하는 에듀테인먼트의 성공적 사례를 살펴보고, 그것을 통해 경쟁력 있는 창작방법론의 핵심을 정리하려 한다. 실효성 있는 논의를 위해 두 가지 사실을 전제하는데, 하나는 실제의 검토와 창작방법론의 구축에 있어 주 논의 대상을 출판물과 애니메이션에 국한하려 한다는 점이며, 다른 한 가지는 창작방법론의 구축과 관련하여 문화콘텐츠의 산출에 있어 필요한 요소인 공학적 기술, 예능적 감각, 인문학적 상상력 중에서 주로 인문학적 상상력과 관련된 사실을 중심으로 논점을 집중한다는 점이다.

두 가지 전제 중 전자는 게임 형태의 에듀테인먼트에 대해서 이미 많은 논의가 축적된 점 (한국게임산업개발원, 2005 : 이인화 외, 2003 : 강심호, 2005), 또 우리나라의 경우 비교적 성공적인 에듀테인먼트의 산출이 출판물이나 애니메이션 형태가 많았다는 점과 관련이 되며, 후자는 출판물이나 애니메이션 형태의 경우 스토리텔링 방식과 같은 인문학적, 문학적 상상력이나 창작론과 깊은 연관을 맺는다는 점 때문이다. 이 책이 경쟁력 있는 에듀테인먼트의 산출에 직접적이고 효과적인 기여를 하려면, 이미 논의가 이루어진 분야를 다시 재론하거나 창작방법론과 관련된 사실은 도외시한 채 개론적 사실들만을 반복하기보다는 논의가 비교적 덜 진척된 출판물이나 애니메이션 형태의 에듀테인먼트를 주된 관심사로 하고, 또 그것의 창작방법론을 도전적으로 제기하는 것이 타당할 것이다.

에듀테인먼트(edutainment)란 교육(education)에 오락(entertainment)을 결합시킨 신조어이다. 이는 대표적 경성문화라 할 수 있는 교육에 주요한 연성문화인 오락을 접목한 것이다. 지식과 정보의 습득, 즉 학습활동에 흥미를 유발하는 오락적 요소를 가미한 것이다. 국가적, 개인적 경쟁력을 위해서 필수적으로 지속되어야 할 교육을 보다 더 효과적으로 전수하고자 오락의 즐거움을 한데 묶어보자는 발상이다.

특히 풍요롭고 여유로운 환경과 오락의 즐거움에 익숙한 새로운 세대에게 무겁고 어려운 교육을 관행적이고 일방적으로 전달하는 것은 더 이상 효율적이지 못하다는 판단에 따른 것이며, 아울러 디지털 기술의 눈부신 발전에 힘입어 소리, 음악, 동영상, 문자 등을 자유롭게 전달할 수 있는 멀티미디어적 환경도 기존의 교육방식에 변화를 가져올 필요성과 가능성을 불러일으켰다.

따라서 교육의 모든 영역에서 쉽고 재미있게 지식과 정보를 전달하고자 하는 움직임이 일고 있으며, 그것은 과학, 수학, 경제학, 어학 등의 지식과 정보를 게임, 추리물, 만화, 영상물 등의 오락물 형태로 제작하는 것으로 나타나고 있다. 이런 에듀테인먼트는 교육에 대한 폭넓고 열정적인 필요성 때문에 유수한 기업과 제품을 탄생시키며 급격하게 신장되고 있다.

주목할만한 에듀테인먼트 산출물을 보면 서구의 경우는 유명한 도둑 카르멘이 비행기를 타고 다니면서 교묘하게 범죄를 저지르는 데 이때 화면의 각 단계에 나오는 지리에 관련한 질문에 대답해가면서 범죄자를 추적하도록 하여 지리 공부에 흥미를 주는 '카르멘 샌디에고 시리즈(Carmen Sandiego Series)', 유람선 여행을 테마로 6명의 가족과 20마리의 동물들이 펼치는 재미있는 에피소드를 통해 수학의 개념을 자연스럽게 알려주는 'Number Crew', 다양한 실험과 현장학습, 기록화면의 상영, 과학뮤직비디오, 과학자와의 만남 등의 다채로운 구성으로 과학의 원리를 쉽게 설명한 'Bill Nye the Science Guy', 스토리텔링, 미술놀이, 과학놀이 등의 각 편을 통해 수학, 인지력, 미술, 음악 등에 대해 3개의 실마리를 쫓고 답을 찾아내는 형식을 통해 학습하는 'Blue's Clues', 게임 프로그램 내에서 주택, 공원, 소방서, 경찰서 등을 건설하면서 예산과 세금 등의 사회적 지식과 정보를 체험할 수 있게 만들어 주는 '심시티(Sim City)'가 있다.

일본의 경우는 먼저 '유기오'가 눈에 띈다. 유기오는 1996년부터 일본 주간 만화잡지 '보이스 점프'에 연재되기 시작한 작품으로 게임으로도 제작되었다. 소년 유기가 괴물들과 싸우며 퍼즐을 푼다는 내용이다. 다양한 줄거리와 상황설정이 가져오는 재미로 일본에서는 이미 포켓몬을 밀어냈다. 포켓몬의 주 소비자가 취학 전후 어린이인데 반해 유기오는 연령대가 조금 높다. 게임방법도 무역을 기본원리로 하여 누가 가장 효율적인 경제생활을 하느냐에 따라 승패가 결정된다. 유기오는 캐릭터 상품을 통해 2003년도에만 16억 달러를 벌었다.

또한 60만 카피가 넘는 경이적인 판매실적을 올린 '특타(特打) 시리즈'는 타이핑 연습 소프트웨어이다. 특타는 서부영화의 한 장면을 방불케 하는 화면으로 시작된다. 화면의 지시대로

sourcenext 사의 특타시리즈

키보드를 하나씩 누를 때마다 경쾌한 총성과 더불어 화면 속 주인공의 총이 발사된다. 목표물이 부서지거나 적이 쓰러진다. 타이핑 속도가 빨라지면 마치 기관총을 난사하는 것 같은 통쾌함을 맛 볼 수 있다. 특타 역시 자판연습이라는 교육적 목표를 위해 오락용 게임의 재미를 덧붙인 에듀테인먼트의 성공적 사례이다(이규형, 2001).

국내의 경우는 에듀테인먼트 산업이 1992년부터 2000년까지 CD-ROM 타이틀을 중심으로 발전하다가 2001년부터 그 기반이 인터넷으로 옮겨졌는데 주로 인터넷에 기반하고 있는 에듀게임 시장

은 2005년에만 800억 원을 상회하고 있다. 하지만 역시 베스트셀러를 내며 큰 수익성을 보인 쪽은 출판물이나 애니메이션 같은 영상물이었다. 구체적으로 그리스 로마 신화를 만화로 제작한『만화로 보는 그리스 로마신화』(가나출판사)가 2000년 11월 제1권이 출시된 이래 불과 6년여가 지난 현재 1000만 부를 돌파하였고, 1987년 유럽 6개국의 역사와 문화를 다룬 유럽 편 여섯 권을 시발로 일본, 한국, 미국 편을 연달아 만화로 출간한『먼나라 이웃나라』는 현재 아동학습만화 시장을 주도하며 1000만 부를 넘어섰다. 또한 한자 학습 붐을 타고 아동을 대상으로 기초 한자를 쉽고 재미있게 학습하도록 서유기의 인물과 스토리를 차용해 만든『마법천자문』이 판매부수 400만 부를 상회하고 있다(2004년의 경우 전체 만화시장의 규모가 7500억 원 가량으로 추정되는데 그 가운데 약 40% 정도가 학습만화이다).

에듀테인먼트의 강세는 최근의 출판사의 동태에서도 파악할 수 있다.『만화로 보는 그리스 로마신화』,『먼나라 이웃나라』,『마법천자문』등의 성공에서 볼 수 있듯이 우리나라의 경우는 이른바 학습·교양 만화가 에듀테인먼트의 주종을 이루고 있는데, 2005년 현재 학습·교양 만화를 내는 출판사만 60여 곳에 이르고 있으며, 만화잡지 연재 경력이 1년을 넘거나 단행본을 낸 작가 가운데 학습·교양 만화를 그리는 작가만도 50여 명이 넘는다. 또한 문학과지성사, 민음사처럼 문화적 엄숙주의를 지켜오던 정통 단행본 출판사들도 속속 학습·교양 만화 시장에 뛰어들고 있는데, 문학과지성사는 유럽만화의 고전이라 할 수 있는『아스테릭스』시리즈를 펴냈으며, 민음사의 자회사인 황금가지는『만화 그리스 신화』에 이어『만화 과학 위인전』등 일련의 학습·교양만화를 출간할 계획이다.

이처럼 에듀테인먼트 분야의 확연한 급성장과 함께 우리가 주목해야 할 사실은 특히 에듀

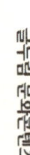

테인먼트 출판물이나 영상물의 경우 역사, 지리, 수학 등처럼 전달하고자 하는 교육적 내용을 재미있게 구성하기 위해 동원하는 만화, 게임, 신문, 동화 등의 오락물의 형태에 있어 추리물이나 가상 역사소설의 활용, 스토리텔링 방식의 다양한 실험, 영웅 서사구조의 차용 등과 같이 인문학 혹은 문학창작론과 관련된 사실이나 기능이 매우 중요하다는 점이다. 달리 말해 에듀테인먼트 출판물이나 영상물의 산출에 있어 인문학 혹은 문학창작론의 활용이나 논의가 매우 유용하다는 사실이다.

이 사실은 이제 국가경쟁력이 된 문화콘텐츠 분야의 지속적 성장을 위해서도 인문학 혹은 문학창작론의 개발이 중요하다는 점도 보여주지만 한편으로는 인문학 혹은 문학(문학창작론)의 외연확대에도 기여할 수 있다는 사실을 말해 준다. 우리가 이런 논의들을 활성화하면 특히 인문학적 혹은 문학적 상상력과 창작능력을 갖춘 많은 인문학도들이 문화산업 분야나, 문화콘텐츠 산출에서 당당하고도 주도적인 역할을 할 수 있는 밑거름이 됐으면 하는 바람을 이룰 수 있을 것이다. 에듀테인먼트, 영화, 게임, 모바일 콘텐츠 등의 문화콘텐츠 현장에서 실무자들이 이구동성으로 이야기하는 애로점이 바로 시나리오나 스토리텔링, 인문학적 상상력의 부재인데, 바로 그런 능력에 가장 근접해 있다 할 인문학도들이 문화콘텐츠의 창작에 필요한 실효성 있고 새로운 방법론을 갖출 수 있다면 그것은 기존의 인문학적 역량에 새롭게 큰 힘을 보태는 것이 될 것이다.

(1) 에듀테인먼트의 서사전략 1 – '노빈손 시리즈'를 중심으로

✔ 생존기 코드를 이용하라.
✔ 매력적인 캐릭터를 활용하라.
✔ 영웅 모험담의 서사구조를 이용하라.
✔ 팩션을 활용하라.

- 새로운 시각을 담아라.
- 팩션의 서사구조(의문의 사건–사건의 조사–음모, 비밀의 노출)을 활용하라.
  - 수수께끼의 제시
  - 단서의 제공
  - 추리와 탐색
  - 두뇌게임과 결투
  - 범인, 희생자, 탐정의 존재
- 신뢰하고 싶은 허구를 창조하라.
  - → 역사적 사실과 허구의 완벽한 짜임새를 갖추어라.
- 탐정 자신이 사건의 중심에 휘말리는 스릴러적 특색을 유지하라.
- 묵시록적 비전이나 음모론의 시각을 담아라.
  - → 팩션에 담기는 비밀은 신비하거나 음모론적이고 그 함의가 커야 효과가 있다.

❶ 노빈손 시리즈의 현재

노빈손 시리즈는 이 시리즈의 기획자인 박철준이 우연히 접한 과학잡지의 기사에서 비롯되었다. '무인도에서 살아남기'라는 제목의 6페이지 분량의 기사(최근에 사고, 테러, 재난 등이 빈발하면서 현대인들의 불안감과 안전에 대한 욕구를 파고드는 출판물이나 영화 사업이 번창하는 현실과 관련된다)를 보면서 과학상식을 어드벤처 스토리로 만들겠다는 기획에서 출발하였다. 성공적인 스토리텔링을 위해 개성 있는 주인공을 창출할 필요가 있었는데, 첫 작품인 '노빈손 크루소 따라잡기'의 작가인 박경수가 만화 『꺼벙이』에서 힌트를 얻어 노빈손이라는 매력적인 인물을 창출한다. "처음의 원고는 무인도에서 살아남는 데 유용한 과학상식을 나열하는 데 그쳤어요. 그것만으로는 너무 밋밋해서 주인공을 앞세운 무인도 서바이벌 스토리를 만들기로 했죠. 20세의 배낭족이 여행을 가다 무인도에 떨어진다, 이름은 로빈손 크루소를 패러디한 노빈손, 모범생과는 거리가 멀고 덜떨어진 인상이지만 위기의 순간 번뜩이는 아이디어를 떠올리는 잔머리의 대가, 외모는 엽기적이고 행동은 비실비실하다고 설정했죠."

여기에 이 시리즈의 또 다른 장점이라 할 수 있는 선명하고 코믹한 일러스트레이션에서 노빈손은 그 개성적인 실체를 얻게 되는데, '네 가닥의 엉성한 머리카락, 약간 풀린 눈, 소시지 같은 코와 입, 길쭉한 얼굴, 갈빗대가 앙상히 드러난 깡마른 몸매에, 어디다 내놔도 툭 튀는 불쌍하지만 친근한 인상'의 캐릭터가 등장한다. 이런 매력적인 설정에 힘입어 노빈손 시리즈는 현재 5종 19권의 방대한 규모로 확장되었다.

노빈손의 무인도 완전정복-로빈슨 크루소 따라잡기

어드벤처 시리즈	로빈손 크루소 따라잡기
	노빈손의 남극 어드벤처
	노빈손의 아마존 어드벤처
	노빈손의 무인도 완전정복
	노빈손의 버뮤다 어드벤처
가다 시리즈	노빈손 에버랜드에 가다
계절여행시리즈	노빈손의 봄나들이
	노빈손의 여름사냥
	노빈손의 가을여행
	노빈손의 겨울나기
타임머신 시리즈	노빈손 아이스케키 공화국을 구하라 1
	노빈손 아이스케키 공화국을 구하라 2
	노빈손 해적선장의 보물을 찾아라
	노빈손 티라노의 알을 찾아라
	노빈손의 판타스틱 우주원정대
역사탐험시리즈	노빈손 피라미드의 비밀을 풀어라
	노빈손 으랏차차 중국대장정
	노빈손의 좌충우돌 로마 오디세이
	노빈손 시끌벅적 일본원정기

　　각 시리즈는 다루고 있는 소재는 다르다 할지라도 노빈손이라는 캐릭터가 겪는 흥미로운 여행·모험담을 그리면서 역사, 지리 같은 인문적 지식과 과학적 지식을 재미있게 전달하는 에듀테인먼트 형식을 취하고 있다. 물론 앞서 지적했듯이 재미난 스토리에 더해 간결하지만 코믹하고 인상적인 일러스트레이션이 더해져 영상적 이미지를 함께 즐기는 즐거움도 주고 있

다. 이런 사실들에 힘입어 노빈손 시리즈는 현재 100만 권 이상의 판매고를 올리고 있으며, 게임, 만화, 뮤지컬로도 제작되었다. 아울러 해외로도 진출하여 2000년 9월 일본의 주요 출판사인 신쵸샤와 선인세 60만 엔, 로열티 7%의 조건으로 '노빈손' 수출계약을 맺었다. 국내 출판사가 일본 판권을 사오는 데 보통 20만 엔의 선인세를 지급하는 것과 비교하면 파격적인 조건이었다. 2001년 '로빈손 크루소 따라잡기'는 '무인도 생존수첩'이라는 제목으로 신쵸샤 OH문고본으로 출간됐다. 2001년 11월에는 중국의 하이난 출판사와 '로빈손 크루소 따라잡기', '아마존 어드벤처', '버뮤다 어드벤처'를 권당 선인세, 1,500달러, 로열티 7%로 판권 수출계약을 맺었다.

❷ 생존기 코드를 이용하라―『로빈슨 크루소 따라잡기』

노빈손 시리즈 제1탄 『로빈슨 크루소 따라잡기』는 비행기가 추락하여 홀로 무인도에 추락한 20세의 대학 새내기의 모험기를 담고 있다. 별다른 기구 없이 무인도에 홀로 남겨졌으니 생존을 위해서는 수천, 수만 년 전 원시인들이 맨몸과 원시적 도구로 생존해야 했던 환경과 비슷한 상황에 빠진 것이다. 노빈손은 온갖 지식을 동원하여 의식주를 해결해가며 무인도에서의 힘든 생존을 이어간다.

힘든 생존과정에서 그는 꿈에서 만난 표류기의 주인공 로빈슨 크루소의 경험적 지식, 교육과정을 통해 습득한 지식, 미디어로부터 얻은 정보, 만화광답게 만화로부터 얻은 일상적 지식 등을 동원해 무인도에서의 생존의 문제를 해결하는데, 구체적으로 식수나 양식 구하기, 불씨 만들기, 집짓기 등의 생존에 필요한 가장 원초적인 문제들을 해결한다. 당연히 이 과정에서 동원되는 지식이나 정보가 에듀테인먼트에서의 지식에 해당되는 것이라 하겠다.

사실 『로빈슨 크루소 따라잡기』는 1탄이어서 그런지 2탄이나 3탄에 비해 지식이나 정보를 담아내는 모험기라는 스토리텔링의 재미가 덜한 것이 사실이다. 닥쳐 올 위기는 어느 정도 예상되는 것이 대부분이고, 문제해결방식도 여러 경우 상식적인 것이어서 평면적이고 직설적인 지식이나 정보 전달이 간혹 눈에 뜨인다. 일례로 수질에 대한 분석방식을 교과서에 수록됐을 법한 개념적 형태 그대로 제시한다거나(가) 때로는 필자가 생경하게 자신을 노출해가며 스토리의 진행과정에 개입하여 강압적으로 전달하는 경우(나) 등이 있다.

(가)

그는 언젠가 과학만화에서 읽었던 '물 속 생물들로 수질 판단하는 법'을 거의 정확하게 기억하고 있었다.

1급수 : 가재나 새우류. 그냥 마셔도 괜찮다.

2급수 : 하루살이 유충. 침전이나 여과 등의 방법으로 정수를 해야 한다.

3급수 : 다슬기, 거머리, 물달팽이. 이 이하의 수질은 화학처리가 필요하다.

4급수 : 실잠자리, 나방이나 파리의 유충.

5급수 : 장구벌레, 실지렁이. (p.18)

(나)

그런데 무인도에서는 정말 무스탕을 만들 수 없는 것일까? 그렇지 않다. 떡갈나무 껍질을 벗겨서 물에 담그면 가죽을 부드럽게 하는 무두질용 약품으로 쓸 수가 있기 때문이다. 이 물은 농도가 진할수록, 그리고 온도가 높을수록 더 효과가 있다. 열흘쯤 담가놓은 뒤에 헹궈서 가죽 안쪽이 위로 향하게 하고 응달에서 말리면 훌륭한 모피코트가 되는 것이다. (p.116)

하지만 이런 장애물에도 불구하고 『로빈슨 크루소 따라잡기』가 재미있는 과학교과서가 될 수 있었던 이유는 몇 가지가 있다. 첫째는 '무인도에서의 살아남기'란 화두가 생존본능이라는 인간의 가장 근원적인 욕망을 강렬하고 충격적으로 자극한다는 점이며, 살아남기 위한 일련의 생존방식들이 원시시대부터 이어져온 인간의 생존투쟁에 사실적으로 가깝고 그것이 또 강렬한 공감을 불러온다는 점 때문이다. 필자는 무인도에서 홀로 살아남은 인간이, 그래서 아무런 과학적, 기계적 도움 없이 맨몸으로 살아가야 했던 태고적 인류 최초의 원시인에 가까웠을 인간이 생존하는 방식을 하나하나 사실적으로 그림으로써 우리의 생존욕구 본능을 강하게 자극하였고, 또 그로 인해 독자들의 흥분된 몰입을 이끌 수 있었다. 아울러 실제로 자신이 처했을 위험에 대한 사실적인 경험을 이끌 수 있었으며, 태고적 인간들의 역사에 대한 강한 공감적 감상을 이룰 수 있었다.

최근에 테러나 자연재해, 그리고 새로운 치명적 질병의 범람으로 인한 두려움 그리고 신자유주의로 상징되는 국가 간, 개인 간의 무한경쟁으로의 질주에 대한 고통으로 생존은 현대인에게 절체절명의 화두로 떠올랐다. 외형적 성장에도 불구하고 역설적으로 살아남는 것이 지상명제로 등장하고 경쟁에서 이기는 것만이 지선의 가치처럼 여겨지는 세태에 생존에 대한 관심은 현대인의 의식과 삶에 또 그것의 반영인 대중문화 속에 깊고 짙은 그림자를 드리우게 된다.

그래서 영화, 출판물 그리고 TV 프로그램을 통해 '서바이벌'이란 이름의 생존기가 인기를 끌고 있다. 우선 영화에서는 항공기 사고로 바다에 떨어진 주인공이 고립된 섬에서 4년여를 홀로 보내며 생존하는 이야기를 그린 <캐스트 어웨이>, 1958년에 벌어진 일본 남극 탐험대의 실화를 바탕으로 만들어져 미야자키 하야호의 <모노노케 히메>가 나오기 전까지 20여 년 동안 일본 영화사상 최고의 흥행 성적을 올린 <남극이야기>, 그리고 그것을 리메이크하여 남극 탐험에서 조난된 8마리 개의 생존을 향한 몸부림과 그를 구하기 위한 한 탐험가의 사투를 그린 <에이트 빌로우> 등이 있고, 국내외 TV에서는 주로 리얼리티 프로그램과 오락 프로그램에서 '서바이벌'이라는 이름을 단 음식, 퀴즈, 연애 등의 사투적인 경쟁 프로그램이 크게 인기를 끌고 있다. 또한 출판물의 경우도 사막이나 오지 그리고 우주에서의 생존방식이나 실제 생활이 담긴 도서가 득세하고 있다.

앞으로도 국가 간, 개인 간 경쟁이 치열해질 것이고 승자만이 많은 걸 독식하는 세태가 가속화될 것이며 경제성장의 그늘에 가린 환경파괴가 가속화될 것으로 보여 살아남기 위한 무한 경쟁에서 승리하려는 이른바 '서바이벌'이란 이름의 생존기는 점점 더 피부에 와 닿는 실감나는 콘텐츠로, 또 삶에 밀착된, 그래서 정서적 공감도나 유용성에 대한 강한 호소력을 지니는 콘텐츠로 다가올 것이다. 아울러 생존기라는 스토리텔링이 갖는 강렬한 몰입에 힘입어 그에 수반되어 전달되는 지식이나 정보 역시 효과적으로 독자에게 전달될 수 있을 것이다. 우리가 에듀테인먼트의 제작에서 생존기를 주목하는 이유는 바로 그런 것들이다.

❸ 매력적인 캐릭터를 이용하라

둘째는 노빈손이라는 인물이 주는 매력이다. 필자가 프로필처럼 제시한 노빈손의 외모나 약력은 다음과 같다.

노빈손(22세)

직업	대딩 새내기
현재상황	배낭여행 중 사고로 무인도에 표류
재산목록	이름에서 알 수 있듯이 완전 빈손은 아님(NO빈손!). 안경, 시계, 카메라, 맥가이버칼, 비닐우비 등 소유
장래희망	표류 전 : 레오나르도 디카프리오 표류 후 : 로빈슨 크루소
특기사항	엄청난 독서량(만화)을 자랑하며 그 밖의 별다른 특기는 없음.

　　노빈손은 젊은 나이임에도 머리가 몇 올만 남은 대머리이고 성격은 덜렁거리며 곧잘 실수를 하고 시기심도 많다. 하지만 동정심이 많고 호기심이 강하며 웬만한 걱정거리는 한 번에 털어낼 만큼 낙천적인 성격의 소유자이다. 또 문제를 해결하는 영감이 번뜩이지만 왠지 불행한 일과 많이 마주친다. 요약하면 별로 잘생기지도 천재적이지도 못하지만 심성이 착하고 남을 잘 도와주며 비교적 태도가 솔직하고 직선적이며 부모로부터 모자라다고 꾸지람을 잘 받는, 그래서 스스로에게 위축감을 느끼기도 하지만 잘 될 거라는 믿음에 쉽게 빠지는 낙천적인 성격이다. 또한 부딪히는 문제마다 배운 지식과 정보를 쥐어짜며 해결하려 하지만 많은 경우 그는 만화에서 얻은 지식에 의존하며 때로는 섣부른 판단으로 실수를 거듭한다. 또 영화 <엽기적인 그녀>와 완전 판박이인 그래서 문화적 코드처럼 되어버린 왈패형 인물인 여자친구 말숙의 얌체 같고 거친 행동에 흠칫 놀라면서도 여전히 그녀를 사랑한다.

이러한 노빈손의 캐릭터는 사실 현재 가장 인기 있고 주목받는 캐릭터이다. 노빈손의 캐릭터 안에는 몇 가지의 문화코드들이 혼재한다. 우선은 개개인의 인권이나 가치가 존중되는 민주주의나 수평적 의사소통이나 정보권력의 분산을 가져온 인터넷 문화, 자극적이고 충동적인 영상문화 등의 영향으로 거리낌 없이 자신을 드러내고 성역에 대한 움츠러듦 없이 도전하며 심각한 고민보다는 좌충우돌식의 즉흥적 반응이 앞서는 신세대의 전형적 특징이 드러난다. 때로는 자신의 약점 앞에서도 주눅 들지 않고 당당함으로 맞서는데 그것은 자신에 대한 솔직함이야말로 자신의 미래를 여는 지름길이라는 믿음에서 온 듯하다.

실제로 최근에 신데렐라형 스토리 구도를 갖는 드라마의 주인공이 예전의 청순가련형 주인공보다 스스로의 약점에 얽매이지 않고 오히려 당당하고 스스로의 길을 헤쳐 나가는 인물이 인기를 끄는 현상과 맥을 같이한다. 2005년 40%의 경이적인 시청률을 기록한 드라마 <내 이름은 김삼순>도 이런 흐름과 연관되는데 자신의 경제적, 신분적 불리함에도 불구하고 백마 탄 왕자형 인물 앞에서도 주눅 들지 않고 당당하며 자신의 감정을 솔직히 풀어내는 김삼순이라는 인물이 주목을 받았다. 그녀는 이른바 '유쾌, 통쾌, 상쾌'한 인물인데, 거듭된 사고로 인한 생과 사의 갈림길에서도 낙관적 태도를 잃지 않고 좌충우돌하며 거침없이 자신을 드러내는 노빈손은 그런 전형에 더욱 가깝다 하겠다.

둘째로 최근에 만화나 영화 등에 자주 등장하는 '바보'형 인물이 갖는 매력과 관련된다. 강풀의 만화 <바보>나 영화 <맨발의 기봉이>에 등장하는 다소간 신체적, 정신적 장애가 있는 인물이 그 특유의 선함과 진실함 그리고 이타적인 성격이나 행동으로 잔잔하지만 강렬한 감동을 일으켰다. 도덕적 선함과 경제적 신분이 반대로 엇갈리고 가진 자나 배운 자가 그 신분적 책임감은 팽개쳐 둔 채 오히려 법적으로 윤리적으로 더욱 타락하는 현실을 보면서 우리들 사이에 불고 있는 분노나 좌절감이 역으로 산출한 소망적 사고에 기대어 있다 하겠다. 노빈손은 언제나 남의 아픔에 크게 동요하며 때로는 자신의 생명까지도 담보하는 모험을 마다하지 않는다. 그는 우주나 인류를 지켜내겠다는 거창한 구호나 철학에 매달리지는 않지만 그 특유의 선함으로 이웃의 고통에 아파하며 명분도 내세우지 않은 채 희생의 길로 접어든다.

결국 노빈손은 우스꽝스러운 외모와 덜렁거리며 실수를 잘하는 행동 때문에 동정어린 친근감이 들며, 자신을 솔직하게 드러내면서도 따뜻한 감성을 갖는 신세대적 특질을 보여 동류의식을 느끼게 하며 어른으로부터는 늘 부족하다고 잔소리를 듣고 자신에게는 재수 없는 일이 많이 벌어진다고 자탄하는 유년세대의 자화상이기도 하다. 하지만 어려운 이웃을 보면 주저 없이 도움을 주러 나서고 자신이 생각하는 정의의 명분에 닿으면 어떤 모험도 마다하지 않으며, 곤경을 풀어가는 지혜와 술수가 넘친다는 점에서는 선망의 대상이기도 하다. 도대체 이처럼 신세대, 특히 유년의 정서에 닿아 있고 자신들의 자화상에 판박이처럼 닮아 있으며 때로 영웅이 되고 싶은 소망적 사고를 잘 풀어주는 인물이 어디에 또 있겠는가? 독자들에게 이 매력적인 인물의 여정에 동참하는 것은 친근한 스타와의 동행과 같은 것이다.

❹ 영웅모험담의 서사구조를 이용하라

노빈손 어드벤처 시리즈의 2탄은 『노빈손의 아마존 어드벤처』이다. 1탄에 이어 다시 노빈손이 탄 비행기가 추락한다. 이미 재난-탈출을 계속 반복하는 서사구조를 택했으니 공간만 변경하면 이야기가 계속 확장될 수 있다. 따라서 재미있는 이야기의 창출을 위해서는 무엇보다도 흥미로운 공간 설정이 중요시될 수밖에 없는데, 그 첫 대상이 아마존이다. 세계의 산소 중 25%를 생산한다 하여 지구의 허파라 불리는 아마존은 페루에서 대서양까지 이어지는 그 광활한 규모나 온갖 진귀한 동식물과 특이한 풍광 때문에 환상과 신비의 나라로도 알려져 있다. 따라서 흥미로운 이야기를 풀어갈 수 있는 최적의 장소라 하겠다.

아마존 어드벤처에서 필자가 전하고자 하는 교육적 지식은 환경보전, 과학적 지식, 아마존의 동식물 등이다. 앞서 지적했듯이 아마존의 특이한 풍광과 동식물 때문에 모험의 과정에 자연히 흥미로운 삽화들이 많이 깔리겠지만, 담고자 하는 교육적 지식 또한 그 내용이나 양이 만만치 않은

노빈손의 아마존 어드벤처

것이어서 지식과 정보의 효과적인 전수를 위해서는 '재미'를 부가하려는 서사적 전략이 필수적이다. 필자는 재난-탈출의 서사구조, 신탁*의 해결, 미스터리 풀기 등의 서사전략을 동원하여 해결하고 있다. 이제 그 실제를 보자.

불행히도 다시 비행기 추락사고를 경험하게 된 노빈손은 아마존의 정글 밀림 속에 혼자 버려지듯 남게 되니 그리운 집으로 돌아가기 위해서는 필사의 고초가 따를 수밖에 없다. 재난에 빠진 인물이 온갖 역경을 겪고 꿈에 그리던 가족 혹은 고향으로 돌아간다는 재난-탈출의 일반적 이야기이다. 하지만 노빈손의 역경의 과정에서 그럴듯한 의미가 덧붙여진다. 즉 거룩한 신탁의 메시지가 전해지고 우여곡절 끝에 신탁을 풀어가는 주인공이 된 것이다. 혼자 살

---

* 신탁 : 인간의 물음에 대한 신의 응답처럼 인간을 매개로 한 신의 말씀은 천상과 지상의 연결, 신의 약속이라는 웅혼성, 델포이 신전의 신탁에서 나타난 것처럼 그 비의성 등으로 인해 문화콘텐츠 스토리텔링을 다채롭고 긴박감 넘치게 꾸며주는 기능을 한다.

Prologue : 아마존의 전설

아마존의 위대한 여왕 히폴리테는 제우스의 아들인 헤라클레스에게 죽임을 당했다. 히폴리테의 뒤를 이어 여왕이 된 안티오페는 아테네의 왕자 테세우스에게 납치되었다. 트로이 전쟁에 전사들을 이끌고 참전했던 펜테실레이아 여왕은 그리스의 맹장 아킬레우스에게 목숨을 잃고 말았다. 거듭된 비극으로 인해 아마존의 힘은 쇠퇴했고 결국은 영토마저 잃었지만 사람들은 여인왕국이 어딘가에 여전히 존재하고 있으리라고 믿었다. 역사의 아버지 헤로도투스도, 아메리고 베스푸치도, 그리고 콜롬버스도.

16세기 중반 전설적인 황금의 땅 엘도라도를 찾아나선 스페인의 탐험가 오레야나는 남아메리카의 거대한 강기슭에서 정체 모를 여전사들의 공격을 받고 치열한 전투를 벌였다. 그는 상대가 전설 속의 여인부족인 아마존이라 생각했고 그 강에 '아마존'이라는 이름을 붙이게 된 것이다. 기원전 9세기에 호메로스가 처음 아마존에 대한 이야기를 남긴 이후 2천 5백년만의 일이다.

그리고 다시 5백 년 뒤인 서기 2천 년 우리의 주인공 노빈손이 신비의 땅 아마존에서 여인부족의 멸망과 부활을 둘러싼 흥미진진한 모험에 도전한다. 무인도에서의 구사일생에 이어 이번에는 정글 속을 누비는 장난꾸러기 신세대 노빈손. 손에 땀을 쥐게 하는 그의 두 번째 무용담이 이제 시작된다.

겠다고 버둥거리는 데만 그치는 것이 아니고 인간을 향한 신의 메시지를 풀어가는 과정에 주역이 된 것이다. 자연히 웬만한 고통은 쉽게 포기할 수 없고 하나하나 해결해 나가야 한다. 이야기에 박진감이 들어갈 수밖에 없다.

노빈손이 신탁에 엮이는 과정에서부터 필자의 세심한 배려가 보인다. 노빈손은 사실 약간 덜렁거리며 어수룩하기도 하고 무엇보다 심각하지 않다. 전 인류적 고민 같은 과제를 스스로 떠안을 사람이 아니다. 그래서 재미있고 명랑한 인물이다. 이런 인물에게 신탁을 풀어가는 일을 맡기자니 특별한 계기를 만들어야 할 텐데 작자가 선택한 길이란 '아마존'의 명칭과 관련된 신화적, 역사적 사실을 차용하는 것이었다.

그리스 신화에 나오는 전설 속의 여전사 국가인 아마존, 북방에 있는 것으로 그려져 남미와는 실제적 관계가 없지만 스페인 탐험가 오레나야의 명명에 따라 붙여진 아마존이라는 이름에 기대어 노빈손이 추락한 아마존에 실제 여전사 국가 혹은 여왕의 존재를 설정하여 이야기를 풀어가는 재미있는 설정을 했다. 노빈손은 추락한 숲 속에서 우연히 괴상한 몰골의 할머니를 만나는데 그녀가 바로 전설 속의 여전사 국가 아마존의 마지막 여왕이다. 히프미테란 코믹한 이름의 이 여왕은 자신의 모험담을 그럴듯하게 꾸며대는 노빈손에게 지푸라기라도 잡는 심정으로 자신에게 벌어진 일을 전한다. 이틀 전, 여왕의 꿈속에 아마존의 영원한 우상인 히폴리테 여왕이 나타나 아마존 왕국을 되살릴 방법을 찾기 위해 우이투투 부족의 빠제(주술사)를 찾아 신탁을 들으라는 말을 전했다. 정이 많고 우쭐거리기 좋아하는 노빈손은 히프미테 여왕을 부추겨 신탁을 찾아 나선다. 그들은 빠제로부터 신탁을 전해 듣는데 그 내용이 전혀 감을 잡을 수 없는 까다로운 것이다.

> "어머니가 앓고 있다 …… 어머니의 병을 고쳐야 하느니라 ……. 어머니의 허파가 오그라들고 체온이 치솟았도다. …… 핏줄이 마르고 살갗이 갈라졌도다 …… 검은 구름이 피어올라 하늘을 가리었도다 …… 찢긴 하늘의 틈새로 재앙이 스밀지어다 …… 사내아이와 계집아이가 번갈아 나타나서 경고를 보낼지어다 …… 생명의 동굴을 찾아야 하느니라. 폭포의 수염에 실마리가 있느니라."

다행히 여왕 히프미테와 노빈손은 여왕의 기억에 있는 폭포를 찾아 나서는데 폭포의 한가운데 있는 우거진 풀이 수염의 형상이라 신탁의 내용에 꼭 맞는다. 그곳에서 다시 앵무새로부터 신탁을 전해 받는데 그것은 "해뜨는 쪽으로 가라! 해뜨는 쪽으로 가라! 마호가니 신목! 마호가니 신목!"이다. 쉽게 생각하면 '신성한 나무를 찾아 동쪽으로 가라'이지만 앞서의 신탁과 어우러지니 도무지 감을 잡을 수 없다. 이처럼 신탁의 내용은 심상치 않고 쉽게 풀릴 수 없는 것이란 점 때문에 풀어나가야 할 고통의 과정이 만만치 않음을 알려주며 그에 따라 독자의 몰입도 긴장감을 가질 수밖에 없다.

이제 이후의 이야기 전개란 신탁을 풀어가는, 즉 의문을 풀어가는 과정이 될 텐데 이것이 모험의 서사구조와 겹쳐 있으니 당연히 이야기에는 조력자와 방해자가 등장할 수밖에 없다. 조력자는 빠제의 손자인 17세의 마쿠나이마이다. 마쿠나이마는 밀림에서의 오랜 생활 때문에 경험적 지식이 풍부해 과학적 상식이 많은 노빈손과 절묘한 조화를 이룬다. 물론 둘은 성향이 다르고 첫인상이 서로 안 좋아서 처음부터 티격태격하는데 바로 이 점 때문에 모험을 헤쳐 가는 과정이 엄숙한 사명에 동참한 전사들의 경직된 이야기가 아니라 시끌벅적하고 우여곡절이 많은 명랑한 여행기처럼 펼쳐진다. 참 재미있는 인물설정이라 하겠다.

두 사람의 모험과정은 곧 재미있는 싸움 구경을 제공하기도 하지만, 아마존에 대한 정보나 과학적 지식을 두 사람의 상반된 입장을 최대한으로 활용하여 자연스럽고도 폭넓게 전달하는 역할도 한다. 예를 들면 수륙양용의 식물을 보고 노빈손이 수륙양용 장갑차를 떠올리며 마쿠나이마가 무지하다고 골리자 마쿠나이마는 곧 반격을 하며 인간이 만든 무기 때문에 밀림 속의 부족이 겪었던 고통이라는 역사적 사실, 환경 파괴 등을 자연스럽게 전달한다. 또 마주치는 동식물마다 그 특색과 기능을 설명하는데 하나같이 흥미로운 것들이다. 배가 고파 어설피 화살을 쏘아대고 헛손질만 하는 노빈손에게 마쿠나이마는 바르바스코라는 풀의 즙을 이용해

물고기들을 마취시키는 시범을 보이며 덩굴나무의 수액으로 화살 끝에 바르는 큐라레라는 독을 만들어 보인다. 이런 장면들을 보다 보면 곧바로 정글에 들어가 살아도 될 것 같은 자신감이 드는데 이것은 특이한 체험을 해보고 싶은 충동을 자극하며 독자의 몰입을 이끌고 있다. 흥미로운 지식을 섭렵한다는 만족감과 함께 몰입을 통한 재미까지 주는, 두 마리 토끼를 다 쫓는 셈이다.

반대로 노빈손은 미디어나 학교수업에서 얻은 지식을 풀어내는 역할을 맡고 있다. 일례로 밀렵꾼들을 쫓기 위해 노빈손은 TV에서 보았던 밀가루폭탄을 이용하는데 미세한 밀가루를 공중에 흩뿌린 뒤에 불을 붙이면 엄청난 위력의 폭발이 일어나는 현상을 이용한다. 물론 이 과정에서 마쿠나이마의 과장된 탄성이 동원되는데, 그것은 마치 셜록홈즈의 기발한 추리장면에서 와트슨처럼 경탄의 추임새를 넣어 추리의 기발함을 과장하고 놀라움을 배가시키는 역할과 같은 것이다.

아울러 모험의 서사에서 중요한 역할을 하는 반대자는 밀렵꾼 집단 혹은 그 집단의 우두머리인 모질라요가 맡고 있다. 모질라요는 잔인하지만 어리숙하고 때로는 순진한 면도 있어 이야기를 굴곡 있게 만드는 데 기여를 하고 있다. 모질라요 일당은 밀렵에만 빠져 있어 아마존을 지키고 신탁을 풀어내려는 노빈손과 마카나이마와 끊임없이 충돌하면서 팽팽한 긴장감을 불러온다. 그런데 모질라요는 재미있는 구석이 있어 인질로 잡은 사람에게 과제를 주어 그것을 수행하면 용서하고 못하면 혹독한 고문을 가한다. 인질에게 절체절명의 순간을 맞게 하는 위기를 만드는데 그 집중된 순간에 문제를 내니 문제 자체에 대한 몰입은 비할 수 없이 높을 수밖에 없다.

　　그런데 만일 그 주어지는 문제가 과학적 지식과 관련된 것이라면 그 순간에 조성된 긴장감은 마치 중요한 지식을 전하면서 학습자에게 고도의 긴장감을 갖고 배우도록 만든 셈이니 효과적인 교육적 전수가 이루어진다 하겠다. 그 일례를 보자. 모질라요는 인질로 잡힌 두 사람에게 자신이 제시한 문제를 맞히면 살려주고 틀리면 통구이를 만들겠다는 섬뜩한 제안을 하며 문제를 낸다. "여기 새알 두 개가 있다. 하나는 삶은 거고 하나는 안 삶은 거야. 그걸 가려내면 너희를 살려주마. 단 절대로 껍질을 깨면 안돼."

　　이 질문에 노빈손은 포기하지 않고 실험과 관찰을 반복해보며 결국 관성을 이용해 문제를 풀어낸다. 지식을 응용한 실험과 관찰을 통해 문제를 풀어가는 과학적 추론의 과정을 그대로 드러내 보이며 과학적 지식을 전하는 셈이다. "삶은 새알의 속은 굳어 있기 때문에 돌리다가 세우면 곧바로 멈춘다. 하지만 삶지 않은 새알을 돌리다가 정지시키면 속에 들어 있는 끈적한 내용물이 곧바로 멈추지 않고 계속 회전하게 된다. 그러므로 손가락을 잠깐 댔다가 떼면 새알이 그 관성의 힘에 의해 다시 돌아가게 되는 것이다.…"

　　이처럼 적대자와의 목숨을 건 싸움은 이야기에 긴장감을 불러옴과 동시에 목숨을 건 문제풀기를 통해 과학적 지식을 자연스럽게 전달하는 기능을 함께하고 있다. 모질라요 일당과 두 사람은 이후로도 중요한 고비마다 다툼을 벌이고 목숨을 건 문제풀기를 지속하는데 갈수록 모질라요의 분노가 격해지고 주어지는 문제도 더욱 까다로워짐으로써 긴장감의 고조나 몰입의 강도가 높아질 뿐만 아니라 풀이에 동원되는 과학적 지식도 한층 복잡하고 흥미로워진 것이다.

　　결국 노빈손이 겪는 모험의 과정이란 신화나 소설, 영화 등의 모든 장르에 걸쳐 드러나는 영웅담의 원형이다. 조셉 캠벨이 1949년에 펴낸 명저 『천의 얼굴을 가진 영웅』에서 그린 것처럼 세계의 모든 신화와 종교 혹은 민담에 거듭 등장하는 영웅 혹은 그들의 모험담－비정상적으로 태어나고 어린시절에 환란을 겪고, 방황과 모험을 통해 조력자를 만나고 결정적인 영웅의 임무를 수행하기 위해 떠났던 자리로 돌아오는 영웅－의 현대적 재현인 것이다.

어리숙해 보여 도무지 영웅상과 어울릴 것 같지 않지만 번득이는 기지와 용기로 세상을 구원해야 한다는 사명을 완수해내는 노빈손은 그래서 여전히 오갈 데 없이 영웅이며, 재미를 위해 펼치는 서사의 변형이나 인물형의 변모는 영웅담의 근간을 쫓아가는 노빈손 시리즈의 그 충실한 재현에 비하면 시빗거리가 될 수 없다. 그래서 노빈손 시리즈는 영웅담의 서사구조를 잘 활용하고 있으며, 그것은 인간의, 특히 청소년 혹은 유년의 꿈과 욕망을 자극하고 부추기는 가장 흥미로운 이야기로 거듭 재현되고 있다. 또한 영웅담에서 '고난→고난의 극복'이 반복되는 구조와 고난의 무게가 점증되며 절정에 이르는 구조는 지식과 정보를 폭넓게 혹은 다양한 층위로 전하는 데 천혜의 조건을 만든다.

결국 이 모든 사실들은 에듀테인먼트 창작에 있어서, 스토리텔링에서 영웅의 모험담이 갖는 강점을 얼마나 주의 깊게 들여다보아야 하는지 혹은 얼마나 적극적으로 이용해야 하는지를 잘 말해주고 있다. 조지 루카스나 스티븐 스필버그 같은 영화제작자나 <인어공주>, <라이언 킹>, <미녀와 야수> 같은 애니메이션에까지 영웅담은 끊임없이 그 형상을 조금씩 달리하며 강력한 경쟁력을 보여주는데 그런 영웅담의 활용은 여전히 에듀테인먼트의 제작에서도 유용하다 하겠다. 다시 한번 신화학자인 조셉캠벨의 『천의 얼굴을 가진 영웅』과 스토리컨설턴트로 활약 중인 크리스토퍼 보글러가 쓴 『신화, 영웅 그리고 시나리오 쓰기』에 제시된 것처럼 영웅담의 서사구조를 주목할 필요가 있다 하겠다(강현구, 2006).

1. 일상세계
2. 모험에의 소명
3. 소명의 거부
4. 정신적 스승과의 만남
5. 첫 관문의 통과
6. 시험, 협력자, 적대자
7. 동굴 가장 깊은 곳으로의 접근
8. 시련
9. 보상
10. 귀환의 길
11. 부활
12. 영약을 가지고 귀환

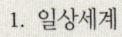

1. 영웅은 일상세계에서 소개되어 그곳에서
2. 영웅은 모험에의 소명을 받는다.
3. 영웅은 처음에 결단을 내리지 못한 채 주저하거나 소명을 거부한다. 그러나
4. 정신적 스승의 격려와 도움을 받아
5. 첫 관문을 통과하고 특별한 세계로 진입한다. 그곳에서
6. 영웅은 시험에 들고 협력자와 적대자를 만나게 된다.
7. 영웅은 동굴 가장 깊은 곳으로 접근하여 두 번째 관문을 건너게 되는데
8. 그곳에서 영웅은 시련을 이겨내게 된다.
9. 영웅은 이의 대가로 보상을 받게 되고
10. 일상 세계로의 귀환의 길에 오르게 된다.
11. 영웅은 세 번째 관문을 건너며 부활을 경험하고 그 체험한 바에 의해 인격적으로 변모한다.
12. 영웅은 일상세계에 널리 이로움을 줄 은혜로운 혜택과 보물인 영약을 가지고 귀환한다.

-크리스토퍼 보글러, 2005

❺ 팩션을 활용하라 -『노빈손의 버뮤다 어드벤처』

팩션은 팩트(Fact)와 픽션(Fiction)을 합성한 신조어로서 역사적 실화를 바탕으로 작가의 허구적 상상력을 덧붙여 새로운 사실을 창조하는 장르인데 현재 문학과 영화에서 크게 주목받고 있다. 최근에 1만 부만 팔려도 소위 '대박'이라는 출판계의 불황 속에서도 팩션 소설은 그 위세를 더하고 있는데, 예수와 막달라 마리아의 결혼을 소재로 한『다빈치 코드』는 260만 부, 19세기 중반 미국 학계에서 신곡의 번역을 둘러싸고 벌어지는 갈등을 그린『단테클럽』은 8만 부, 중세 고문서의 해석을 두고 벌어지는 살인사건을 풀어가는『4의 규칙』은 10만 부의 판매고를 올리고 있다.

단테클럽

또한 연산군과 광대 공길, 장생의 이야기를 다룬 <왕의 남자>가 1,230만 명이 넘는 한국 최고 수준의 흥행기록을 수립하였고, 독일에서 발생한 여대생의 충격적 죽음을 둘러싼 실화를 바탕으로 한 <엑소시즘 오브 에밀리 로즈>가 미국 개봉 시 공포영화라는 한계를 딛고 대성공을 거두었다. 또한 북구의 모나리자로 불리는 명화 '진주 귀고리 소녀'를 두고 숨은 비밀을 파헤치는 <진주 귀고리를 한 소녀>, 부상당한 말을 온 힘을 다해 간호하는 소녀의 이야기 <드리머>의 상영을 보면 바야흐로 팩션은 공포, 무협, 드라마에 이르기까지 그 장르를 불문하고 있다.

팩션의 매력은 실화에 작가의 상상력을 덧붙인 스토리의 극적 구조가 주는 재미와 함께 역사적 사실에 대한 기존의 해석이나 사회적 주류이념을 뒤집어 보는 신선한 시각의 즐거움 그리고 무엇보다도 팩션에 담긴 비밀이나 수수께끼를 풀어가는 과정에서 동원되는 인문학적, 과학적 지식이나 정보를 접하는 만족으로 이루어진다.

또한 팩션이 계시록적 시대에 처한 현대인들의 현실에 대한 불안감, 절대적 진리에 대한 확신을 버리고 사물의 고정된 경계를 해체하며, 또 다른 시각으로 사물을 봐야 한다는 포스트모던적 인식, 즉 다시 말해 오늘날 세계가 공유하는 시대적 인식과 일치함도 팩션의 확산과 관련된다(김성곤, 2005).

결국 긴박감 넘치는 재미와 정보나 지식을 얻는 교육이 어우러진다는 점에서 팩션은 에듀테인먼트의 창출에 있어서 말할 수 없이 좋은 도구라 하겠는데, 바로 이 점이 노빈손 시리즈의 3탄인 『버뮤다 어드벤처』에서 두드러지게 나타난다. 이 점을 보기로 한다.

『버뮤다 어드벤처』는 2탄인 아마존 어드벤처와 비슷한 서사구조를 갖는다. 즉 실제의 공간인 버뮤다 해역에 전설의 아틀란티스 제국의 이야기를 혼합하여 이야기를 전개하고 있다. 버뮤다 삼각해역은 미국 플로리다 반도의 마이애미와 북대서양의 버뮤다 제도, 그리고 푸에르토리코 사이에 있는 삼각형의 바다를 말하는데, 이곳에 고대 그리스의 철학자 플라톤이 『대화편』에서 유일하게 언급한, 그래서 지금까지도 그 존재에 대해 논전이 계속되는 전설의 제국을 대입하여 상상의 나래를 펴고 있다.

버뮤다 해역에서 계속되는 항공기 및 선박의 의문의 실종이 아틀란티스 제국과 관련이 있다는 재미난 설정을 토대로 상상의 나래를 펴고 있으니 버뮤다 해역의 실제적 현실이나 의미에 대한 탐구는 상대적으로 적어, 1, 2탄이 상상이 가미 되었다 하더라도 정글이나 아마존에 대한 상세하고 실제적인 탐구에 많은 비중을 둔 것과는 다르다. 대신 버뮤다 해역의 미스터리와 아틀란티스 제국의 전설과 그 이후의 역사에 대한 새로운 해석이 어우러져 한층 흥미롭고 신기한 허구적 상상력 쪽으로 무게중심이 이동된 느낌이다.

노빈손의 버뮤다 어드벤처

노빈손이 아마존에서 간신히 배를 타고 한국으로 귀환하려 하지만 거센 풍랑과 암초에 부딪혀 배가 파괴되고 죽음의 고비를 맞은 채 낯선 곳에 표류하게 된다는 설정은 1, 2탄과 마찬가지이다. 다만 버뮤다의 비밀을 파헤치는 노빈손의 모험이 더욱 강조되다 보니 일반적인 모험이야기에서 흔히 등장하는 미션의 설정이 이야기의 초입에서부터 매우 선명하게 그려진다. 즉 노빈손은 항해중인 선박에서 두 사람의 노인을 만나는데, 그 두 사람은 지혜와 경륜이 있고 비밀을 간직하고 있으며 모험에 대한 열정과 사명의식을 가진 사람들이다. 한 사람은 프랑스의 고고학자인 몽조리 가볼레옹인데 전설 속의 대륙 아틀란티스 제국을 찾는 것을 가문의 혹은 자신의 필생의 가업으로 생각하고 있는 인물이며, 다른 한 사람은 포르투갈 사람으로 배의 항해사인 오만데 다가마인데 탐험가의 후예답게 전 세계를 탐험하고 있으며 경험에서 나온 박학한 지식을 갖고 있다.

배가 버뮤다 해역에 이르러 사고를 맞게 되자 고고학자인 가볼레옹은 노빈손에게 자신은 살아날 가망이 없다며 간절한 유언을 남긴다. 가죽 주머니에서 휘황찬란한 오색의 빛이 나는 신비스러운 돌맹이를 건네는데, 마야문명의 전설에 의하면 돌맹이에 새겨진 얼굴의 주인공이 눈을 뜨는 날 아틀란티스는 오랜 침묵을 깨고 다시 부활할 것이란 믿음을 전한다. 아울러 오만데 다가마 노인은 라파누이 섬에 가서 자신의 비석을 세워달라고 부탁하는데, 노인에게 있어 라파누이 섬은 뱃사람들에게 경외의 대상이었고 거대한 석상인 모아이와 섬 복판의 화산에서 불을 뿜을 때면 하늘에서 탯줄이 뻗어 나온 것처럼 보인다는 것이다.

　이제 노빈손에게는 모험을 해야 할 구체적인 미션이 주어진 셈이고 그것은 보물지도나 황금의 열쇠처럼 비밀을 풀 열쇠를 동반하는 흥미로운 것이지만 한편으로는 그 실체가 베일에 싸인 신비하고 비밀스러운 것이어서 온갖 궁금증을 자아낸다. 본격적인 모험담이 펼쳐지는 이 지점에서 당연히 노빈손에게 조언을 주고 함께 고난을 헤쳐 나갈 동반자를 만나는데 그 조력자는 조력자 본래의 기능 외에도 관심을 끌만한 매력적인 점을 갖고 있어 주목을 끈다. 노빈손이 표류 도중 만나게 된 말리쟈는 예쁘장한 얼굴이기는 하지만 몸은 인어와 같은 모습을 하고 있으며, 더욱이 놀랍게도 스스로 아틀란티스의 공주라고 말한다. 아틀란티스의 공주이니 버뮤다 해역의 아틀란티스 제국의 핵심적 비밀에 성큼 다가설 수 있어 이야기에 박진감이 더해진다. 제국에 대한 기본적 정보에서부터 탑을 쌓듯이 서서히 핵심적 정보를 누적해가는 번거로움을 피할 수 있는 것이다.

　노빈손은 오리하르콘이라는 신비한 비밀의 열쇠와 말리쟈의 지혜와 힘을 빌려 서서히 거대한 음모가 도사린 비밀을 풀고 미션을 해결해 나갈 여정에 휩싸인다. 우선 숨겨진 가공할 비밀이 실체를 드러내며 역사적 사실이나 현실에 대한 새로운 시각을 충격적으로 보여주는

데, 그 핵심은 일 만여 년 전 강력한 왕국을 건설한 아틀란티스 제국이 오만해져 아틀란티스를 만든 바다의 신인 포세이돈의 거듭된 경고를 무시하고 풍부한 자원과 강력한 군사력, 뛰어난 과학기술을 바탕으로 세계 곳곳에서 전쟁을 벌이다가 마침내 격노한 포세이돈으로부터 아틀란티스가 바다에 수장되는 징벌을 당하고 그때부터 아틀란티스인들은 고통과 암흑의 나날을 보내게 되었다는 것과 함께 수천 년이 지나서 아틀란티스인들이 모반을 획책하여 핵무기나 레이더 혹은 위성을 무력화시킬 가공할 위력의 강력한 전파로 육지의 모든 국가를 전멸시킬 계획을 꾸미고 있으며, 버뮤다 해역의 의문의 실종사건은 바로 그 계략－버뮤다 해역을 지나는 선박이나 항공기에게 자신들의 정체를 노출시키지 않기 위해서 버뮤다 삼각해역의 바다 밑에 있는 거대한 계곡의 가스층을 이용하거나 강력한 흡인력을 가진 기계를 이용하여 일대 혼란을 야기하려는－과 관련된다는 것이다.

지금도 국제적인 미스터리로 남아 있는 버뮤다 해역의 의문의 실종사건들을 거대한 역사적 음모와 결부하여 새롭게 해석하는 그 기발한 설정이 놀랍고 흥미를 끈다. 숨겨진 비밀을 풀어 가는 미스터리물의 구조나 비밀이 음모론 혹은 묵시록적 계시와 관련되어 담고 있는 함의가 거대하고 그래서 더욱 충격성이 큰 사실 등이 팩션의 근간적 골격을 그대로 갖추고 있다.

인류 구원이라는 더 큰 대의와 사명감이 더해진, 즉 전 지구인들을 위한다는 엄숙한 사명의 실현으로 격상된 노빈손의 모험은 자연히 비장함이 고조되는데, 하나하나의 시련을 극복해 나가는 모험의 여정을 통과하며 절정을 향해 치닫는다. 노빈손은 급기야 말리쟈와 함께 바다 속에 수장된 아틀란티스 제국의 포세이돈 신전을 보면서 경악하게 되는데, 그것은 곧 신전에 서 있는 포세이돈의 동상이 프랑스 고고학자 가볼레옹으로부터 받은 신비의 돌 오리하르콘에 새겨진 얼굴상과 똑같았기 때문이다. 이제 남은 것은 신전에 새겨진 포세이돈의 신탁의 비밀을 푸는 것뿐이다.

> 재규어의 지혜와 헤라클레스의 힘을 빌어
> 신의 눈으로 바다를 밝히라
> 세상의 배꼽이 그 바다에 있으리라.

　이제부터 노빈손의 추리와 용기가 빛을 발할 시기인데, 그 놀라운 기지와 직감 그리고 용기는 비밀에 싸였던 의문의 기호인 '헤라클레스'란 말과 가볼레옹이 미처 다하지 못하고 숨을 거두었던 '지브로…'라는 말의 해석에서 절정을 이룬다. 노빈손은 말리쟈의 도움을 받아가며 헤라클레스가 세웠다던 두 개의 기둥 중 하나가 지브롤터란 것에 착안해 신탁이 지브롤터와 관련이 있다는 것을 밝혀내는데, 과연 지브롤터의 심해에는 거대한 기둥 사이로 눈부신 두 개의 불빛이 새어 나오고 있었고, 그것이 곧 신탁에 나온 두 개의 오리하르콘, 즉 신의 눈이었던 것이다. 이제 신탁의 절반이 풀린 셈이니 남은 것은 세상의 배꼽을 찾는 일인데 노빈손은 직감적으로 다가마 노인이 남겼던 유언을 떠올리며 라파누이 섬이 신탁이 말한 장소임을 간파해낸다.

　라파누이 섬에 도착한 노빈손 일행은 그곳에서 연금술사인 노인 그미지롱을 만나 호투마니아에 대한 전설을 듣게 된다. 호투마니아는 2천 년 전 이 섬에 처음으로 문명을 전한 사람인데 7명의 사자를 거느리고 와서 이곳에 왕국을 세운 사람으로, 라파누이에는 '쌍무지개 뜨면서 호투마니아가 돌아온다'는 전설이 내려오고 있다. 노인은 호투마니아가 남긴 아틀란티스의 고대문자로 된 목판을 건네는데 거기에는 신탁에 든 모든 비밀, 달리 말해 아틀란티스의 모든 비밀-후세에 오리하리콘을 가지고 온 동족들이 그것을 모아이의 눈에 박아 넣는 순간 바다 위에 쌍무지개가 뜨며 조국의 소원이 실현됨-을 간직하고 있다.

이제 충격 속에서 모든 비밀을 알게 된 노빈손과 말리쟈는 그 슬프고 엄숙한 역사 앞에서 전율하며 유독 신조(神鳥)가 내려앉던 거대한 석상 모아이의 눈에 오리하르콘을 박아 넣어 마지막 임무를 완수하려 한다. 이렇게 들은 그 숭고한 사명을 앞두고, 세계정복을 꿈꾸는 서 아틀란티스의 왕자 싸우리우스와 최후의 결전을 벌이는데, 그것은 아틀란티스 제국의 미래와 전 지구의 운명을 건 것이어서 격렬한 전투를 수반하고 급기야 말리쟈는 평화에 대한 메시지를 강렬히 남기며 숨을 거둔다. 모아이의 눈이 찬란한 오색으로 빛나고 세상의 모든 것이 거대한 빛의 소용돌이 속으로 한꺼번에 빨려 들어가는 그 순간 신탁에서 말한 찬란한 쌍무지개가 보이며, 그것은 곧 모아이에서 바라본 바다가 곧 PACIFIC OCEAN(태평양), 즉 평화의 바다라는 데서 신의 진정한 뜻이 무엇인지를 웅변으로 말해 주고 있는 것이다.

노빈손의 으랏차차 중국대장정

결국 앞서의 논의들을 통해 확인할 수 있듯이 에듀테인먼트의 스토리텔링에서 신탁의 해결 혹은 성배의 진실 찾기라는 모험담과 혹독한 시련 끝에 숭고한 사명을 완수하는 영웅담의 유용성을 확인함과 동시에 역사적 사실의 창조적 변형이라는 팩션의 효과적인 활용 또한 주목해야 한다는 것을 알 수 있다. 이제 앞서의 논의들을 토대로 에듀테인먼트의 제작에서 팩션을 이용할 때 염두에 두어야 할 근간적 사실들만을 다시 정리해 보기로 한다(박진, 2005).

　　명확한 이해를 위해 『버뮤다 어드벤처』와 함께 노빈손 시리즈의 역사탐험 시리즈 중 『으랏차차 중국대장정』을 함께 참고 하기로 한다.

새로운 시각을 담아라

- **버뮤다 어드벤처** : 아틀란티스는 현존하며 버뮤다 해역의 실종사건과 마야의 거대 석상이 신의 분노라는 묵시록적 비전과 아틀란티스제국의 부활과 관련된다.
- **으랏차차 중국대장정** : 진시황릉과 병마용갱은 부활을 꿈꾸는 진시황의 의지가 실제로 이루어지고 있는 곳이며, 세상을 다시 지배하려는 야욕이 진행되는 현재형의 장소이다.

팩션의 서사구조(의문의 사건 - 사건의 조사 - 음모, 비밀의 노출)을 활용하라

　　→ 수수께끼의 제시 / 단서의 제공 / 추리와 탐색 / 두뇌게임과 결투 / 범인, 희생자, 탐정의 존재

- **버뮤다 어드벤처 : 버뮤다의 의문의 실종사건**
  　신비의 돌과 석상의 비밀을 전해 받음.
  　신탁의 비밀을 풀어나감.
  　노빈손, 서아틀란티스인, 인류의 존재라는 추리물의 인물구도
- **으랏차차 중국대장정 : 진시황의 재생, 병마용의 생산이 벌어짐.**
  　파자점, 죽간의 비밀 : 順, 回, 走의 비밀, '중국에서 가장 큰 용의 여의주'의 비밀
  　도상에 대한 해석, 지인의 도움 등을 통해 비밀을 풀어나감
  　노빈손, 진시황, 말숙과 폭정에 시달리는 진나라인으로 구성된 인물 구도

신뢰하고 싶은 허구를 창조하라

→ 역사적 사실과 허구의 완벽한 짜임새를 갖추어라.

- **버뮤다 어드벤처** : 버뮤다 해역, 아틀란티스 제국, 마야의 거대 석상 등에 관한 역사적 사실과 허구의 교묘한 결합을 통해 사실과 허구의 경계를 허물고 흥미로운 팩션의 세계를 창출
- **으랏차차 중국대장정** : 진시황과 진시황릉 그리고 병마용갱에 관련된 역사적 사실과 허구의 흥미롭고 짜임새 있는 결합

탐정 자신이 사건의 중심에 휘말리는 스릴러적 특색을 유지하라

- **버뮤다 어드벤처** : 의문의 사건, 비밀을 풀어가는 탐정역의 인물이 객관적이고 중립적인 위치에서 사건의 실마리를 풀어가기 보다는 사건의 중심에 휘말릴 때 긴장감 넘치는 스릴러적 재미를 창출할 수 있다. 노빈손은 적대자들에게 쫓기며 생명의 위협까지 느낀다.
- **으랏차차 중국대장정** : 의문의 비밀을 풀어가는 노빈손이 진시황과의 대결에 직접 참여하며, 그의 애인인 말숙은 진시황에게 납치되어 귀비에 책봉되어 있다.

묵시록적 비전이나 음모론의 시각을 담아라

→ 팩션에 담기는 비밀은 신비하거나 음모론적이고 그 함의가 커야 효과가 있다.

- **버뮤다 어드벤처** : 아틀란티스 제국의 흥망에는 신의 영역을 범한 인간의 오만과 그에 대한 신의 징벌이 담겨 있고, 서 아틀란티스인들은 인류의 파멸을 감수하며 세계 지배의 야욕을 실행하고 있다.
- **으랏차차 중국대장정** : 말숙의 납치, 병마용의 생산 등에는 부활하여 세상을 다시 지배하려는 진시황의 음험하고 거대한 음모가 도사리고 있다. 아울러 중국, 일본 같은 군사대국의 부활에 대한 경고도 담겨 있다(강현구, 2006).

(2) 에듀테인먼트의 서사전략 2 - '앗 시리즈'를 중심으로

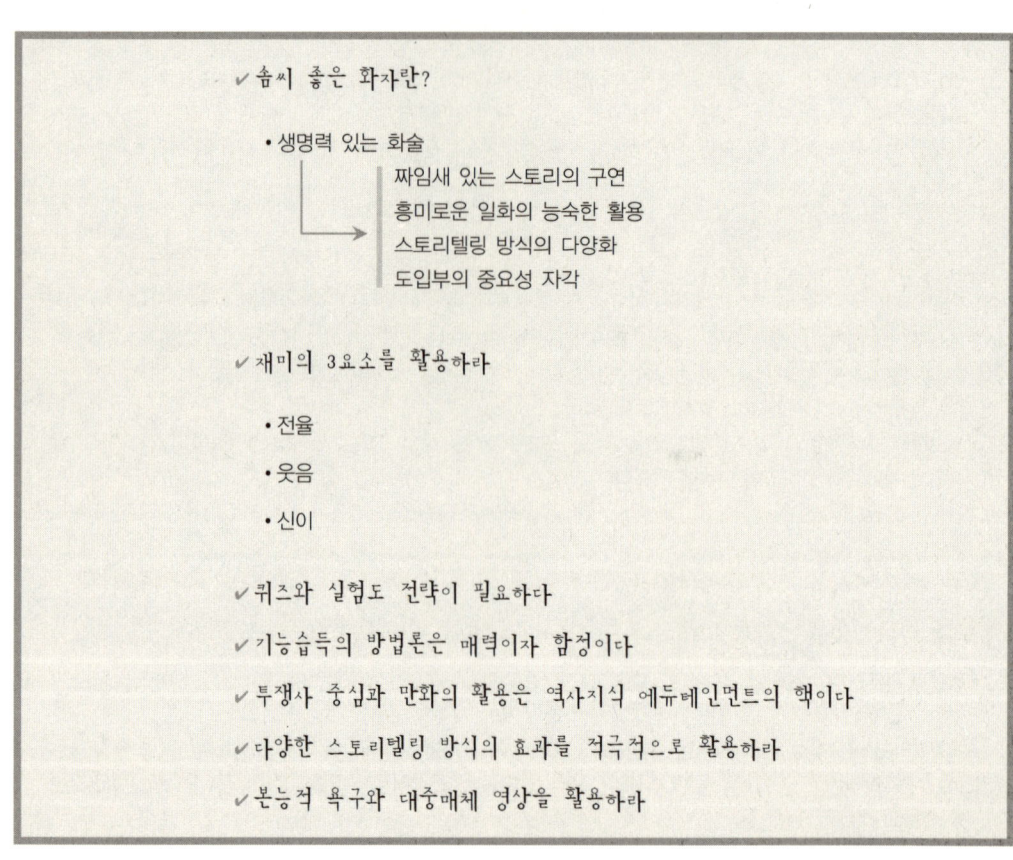

✓ 솜씨 좋은 화자란?

• 생명력 있는 화술

      짜임새 있는 스토리의 구연
      흥미로운 일화의 능숙한 활용
      스토리텔링 방식의 다양화
      도입부의 중요성 자각

✓ 재미의 3요소를 활용하라

• 전율

• 웃음

• 신이

✓ 퀴즈와 실험도 전략이 필요하다

✓ 기능습득의 방법론은 매력이자 함정이다

✓ 투쟁사 중심과 만화의 활용은 역사지식 에듀테인먼트의 핵이다

✓ 다양한 스토리텔링 방식의 효과를 적극적으로 활용하라

✓ 본능적 욕구와 대중매체 영상을 활용하라

❶ 스토리텔링의 힘─『구석구석 인체탐험』

앗 시리즈 중『구석구석 인체탐험』은 전달할 정보나 지식
이 필연적으로 많거나 과학지식처럼 까다로운 내용을 포함
하고 있는 에듀테인먼트 제작시 모범사례가 될 만한 경우이
다.『구석구석 인체체험』은 제목이 암시하듯 인체의 구조와
기능 전반에 걸친 지식을 담고 있다. 자연히 피부, 혈액, 폐,
창자 등의 인체의 모든 부분과 기능, 그리고 인체와 관련된
질병, 성장 등의 주변적 지식까지 폭넓게 포괄하고 있다.

전달할 지식과 정보가 광범위한데다 내용의 대부분이 무
미건조하고 까다로운 과학적 지식이어서 재미있게 전달해
야 한다는 에듀테인먼트의 조건을 충족시키기가 여간 어려
운 것이 아니다. 그런 의미에서 보면 이 책은 비교적 쉽게

구석구석 인체탐험

읽힌다는 점에서 정보의 양이 많은 사회과학적, 자연과학적 지식을 전달하는 에듀테인먼트의
전형적 사례라 하겠다. 이제 그 성공적 사례의 숨겨진 의미들을 하나하나 추출해보자.

① 화자의 능력

말솜씨나 글솜씨가 좋은 스토리텔러는 서로 별 연관성도 없는 잡다하고 딱딱한 내용일지
라도 재미있고 조리 있게 전달하는 특별한 재주를 보여준다. 말하고자 하는 상황과 관련된

경험을 되살려 잡다한 내용들을 그럴듯하게 맥락을 잡아가며 맵시 좋은 흐름으로 잘 꾸미고, 이야기의 초입에서부터 독자나 청자의 강력한 몰입을 이끌고, 개념적이고 추상적인 내용을 재미있는 일화를 동원해가며 알기 쉽게 포장하는 놀랄 만한 재능을 보여준다. 이 점에서 『구석구석 인체탐험』은 참고할 만한 좋은 본보기를 보여준다. 이제 그 사실들을 하나하나 짚어보기로 한다.

이 책에서는, 인체에 대한 자연과학적 지식을 전달하는 책 치고는, 이야기를 전달하는 화자가 두드러지게 나타나는데 자상하면서도 친근한 말투로 옆에 앉은 사람에게 하듯 말을 건넨다. 특히 끊임없이 질문을 하고 놀라며 탄식하는 등 감정표현이 커서 그 존재를 확연히 느낄 수 있게 만드는데, 그 때문에 독자는 친절하고 다감한 안내자와 지적 여행을 함께하는 느낌을 받는다.

축하합니다! 당신은 아주 예민하신 분이군요. 그토록 뛰어난 촉각, 시각, 후각, 청각을 가졌으니, 어찌 예민하지 않을 수 있겠습니까? 낙관적인 성격이든 비관적인 성격이든, 감각은 우리가 주위의 일들을 느낄 수 있게 해준다. 그런데 이 감각이라는 것들이 믿을 수 없을 정도로 예민하다는 사실!

운동이 건강에 위험하다고? 솔직히 말해 보라구. 얼마나 오랫동안 달리기를 할 수 있는지. 운동(또는 힘을 들여서 하는 어떤 일)을 할 때, 절로 신음 소리가 나오지는 않는가? 운동을 하기보다는 차라리 과자를 먹으면서 소파에서 뒹굴기를 더 좋아하지는 않는지? 만약 그렇다면, 운동이 몸에 해로울 수도 있다는 소식에 매우 기뻐하겠군! 모든 운동에는 반드시 주의해야 할 사항들이 따르게 마련이니까.

이처럼 다감하고 친근한 말투로 자신의 존재를 뚜렷하게 드러내는 화자는 솜씨 좋은 화술을 보여 주는데 첫째가 이야기의 줄거리를 짜임새 있게 만드는 구성에서 드러난다. 사실 인체의 각 부에 대한 설명에 무슨 연관성이 있어 한 편의 이야기로 짤 수 있겠는가. 더구나 그 각 부에 대한 과학적 설명을 우선시하면서 말이다. 여기서 화자는 그 난제를 해결하고자 16세기와 19세기에 과학자들이 인체해부를 실시하려고 행했던, 그 당시에 불법이었던 시신의 불법탈취라는 역사적 사실을 이용한다. 즉 시신탈취를 하고자 무덤 속 시신을 분해해서 훔쳐내고 다시 그 시신을 조합해서 시신해부를 실시한 사실을 그대로 원용하면서 이야기를 전개한다. 시신을 절단해서 탈취하고 그 분해된 시신을 다시 짜 맞춘다는 사실의 섬뜩함에 잔뜩 긴장하게 된 독자는 자연히 짜 맞춘 시신이 잘 맞추어져 있는지 확인하자는 화자의 유도에 자연스럽게 빨려 들어가며 이야기의 진행에 발맞추게 된다. 화자는 신체의 겉에서부터 깊숙한 내부의 장기에까지 자연스럽게 하나하나 확인하며 건너가자고 제안하며 설명을 이어가는데, 독자는 그런 설명이, 많은 과학적 사실들에 대한 설명을 위한 불가피한 방편이라는 사실은 느끼지도 못한 채 충격적 사건의 놀라움 속에서 엉겁결에 그 설명의 여정 속으로 따라가는 셈이 된 것이다.

한 편의 짜임새 있는 스토리처럼 구성하기 위한 두 번째 노력은 기능이나 성격의 차이 때문에 각각 분절되어 설명될 수밖에 없는 인체의 기관이나 감각에 대한 각 장을 교묘하게 연결하여 엮어가는 솜씨에서 드러난다. 그 한 예를 보자. 이 책의 앞부분에는 시각, 촉각, 미각 등의 감각을 다룬 장이 설정되어 있다. 감각기관의 구조와 감각기관이 작동하는 원리를 쉽게 풀이하여 설명한다. 그런데 이 장의 마지막 부분을 보면 필자가 인체에 관한 지식을 전달하면서 쉽고 재미있는 전달을 위해 이야기의 자연스러운 흐름이나 연결에 많은 노력을 기울이고 있음을 볼 수 있다. 이 장의 마지막 부분을 보자.

직접 해 보는 실험 : 왜 귓속에서 작은 폭발음이 날까?

하품을 할 때 귓속에서 나는 소리를 유심히 들어보라. 하품을 막 시작할 때, 폭죽이 터지는 듯한 소리가 조그맣게 날 것이다. 들리지 않는다면 잘 듣도록 열심히 노력해 보라. 그 소리는 왜 나는 것일까? 힌트를 준다면 그것은 유스타키오관과 관계가 있다. 유스타키오관은 입과 귓속을 연결하는 유용한 작은 터널이다. ……

감각기를 지난 다음에는 ……

우리의 감각은 모두 나름대로 독특하고 예민하다. 그런데 모든 감각은 한 가지 공통점이 있다. 즉 이야기를 하고 빠른 답을 제시해주는 상대를 필요로 한다. 그래서 모든 감각은 얻은 정보를 같은 장소로 보낸다. 바로 그 수수께끼 같은 두뇌로! (pp.48~49)

감각기관을 통해 받아들인 정보는 두뇌를 통해 해석되어야 하니 감각과 두뇌를 설명하는 장은 그 선후관계를 이처럼 잡았을 경우 이야기를 쉽게 풀어낼 수 있었을 터인데, 화자는 '모든 감각은 한 가지 공통점이 있다. 즉 이야기를 하고 빠른 답을 제시해주는 상대를 필요로 한다. 그래서 모든 감각은 얻은 정보를 같은 장소로 보낸다. 바로 그 수수께끼 같은 두뇌로!' 하며 다음 장으로 자연스럽게 전달한다. 물론 다음 장은 문자 그대로 그 수수께끼 같은 두뇌를 수수께끼를 풀 듯 하나하나 전달한다. 이러한 연결방식은 거의 모든 장에서 마찬가지여서 필자가 이 책의 전체를 한 편의 이야기처럼 풀어내려한 노력을 보여준다.

셋째로 화자는 앞서 지적한 것처럼 재미있는 스토리텔링을 위해 흥미로운 일화를 풍부하게 동원하고 있다. 흔히 솜씨 좋은 스토리텔러가 이야기의 독자나 청자의 흥미를 이끌고자 이야기 속에 삽화로서 놀랍고 흥미로운 일화를 능숙하게 섞어가며 이야기를 진행하는 것을 보게 되는데, 이 책에서도 그런 사례가 풍부하게 발견된다. 각 장에서 뼈에 관한 법의학적 지식, 일산화질소의 신체작용, 음식물의 소화과정 등처럼 특별한 지식이나 정보를 설명할 때면 예외 없이 구체적인 역사적 사실이나 상상력을 동원한 재미있는 일화들이 등장하여 독자들의 흥미를 팽팽하게 당겨 놓는 역할을 한다.

- 16세기 유명한 과학자 안드레아스 베르살리우스 시대의 시신 탈취방법
- 19세기 영국과 미국의 시신 탈취방법
- 신체 각 부의 진기한 세계기록 보유자들
- 일산화질소를 마취제로 사용한 호레이스 윌스의 일화
- 비소에 절여져 미이라처럼 남겨진 범죄자 앨머 매커디의 일화
- 철 등의 불량식품을 먹어대는 무슈 망주투 등의 일화
- 병든 닭의 관찰을 통해 각기병의 실체를 발견한 에이크만의 일화
- 복부에 총상이 난 채로 살아간 인물의 장기를 탐구한 보먼트의 일화
- 30년 동안 매일 상황마다 변하는 체중의 변화를 관찰한 산크토리우스의 일화
- 세균을 죽이는 물질을 발견하고자 기행을 일삼은 플레밍의 일화

이러한 일화들은 신체 각 부에 대한 가장 중요한 지식의 전달에는 해당되지 않지만 신체 각부나 의학적, 생물학적 지식과 관련한 보조적 지식을 전해 줄 뿐 아니라 그 내용의 충격성, 기괴성, 신이함 등으로 지식이나 정보의 번다한 전달로 인한 무미건조함이나 난해함 등을 누

그러뜨리며 이야기에 지속적으로 재미를 불어넣는 역할을 맡고 있다. 따라서 독자들에게 여전히 관련성 있는 지식이나 정보를 자연스럽게 전달하면서도 흥미와 재미를 곁들여주는 촉매제 역할을 하고 있는 것이다. 에듀테인먼트에서 일화의 역할에 주목해야 하는 이유가 여기에 있다.

넷째로 주목해야 할 점은 이 책을 한 편의 이야기로 풀어나가는 과정에서 화자가 이야기를 풀어가기 위해 다양한 스토리텔링 방식을 구사한다는 점이다. 신체 각부에 대해 쉽게 이야기체로 풀어낸 개념적 설명부분이 있는가 하면, 앞에 적시된 것처럼 일화를 동원한 부분도 있고, 퀴즈로 정보나 지식을 전달한 부분도 있다. 이 중 가장 주목되는 부분은 장기를 설명하는 부분인데, 음식물이 식도로

오후 6:00 갑자기 위 전체가 기울어지면서 우리는 창자 쪽으로 이동합니다. 그런 다음, 길이 6m의 경치 좋은 소장을 따라 천천히 여행하게 됩니다(분당 2.5cm의 속도로).

▶ 부드럽고 기분좋은 미끄럼 운동(전문 용어로는 연동 운동이라고 함)을 즐기세요. 끈적끈적한 창자벽은 창자 자체가 소화되는 것을 막아 줍니다.

▶ 융모라고 부르는 500만 개의 작고 부드러운 돌출부가 나 있는 창자 내부를 감상하세요.

▶ 췌장(이자)과 간에서 뿜어 나오는 소화액(효소들이 풍부하게 들어 있음)을 뒤집어 쓸지 모르니 놀라지 마세요.

▶ 음식물을 이루고 있던 화학 물질들이 융모를 통해 흡수되는 광경을 구경하세요.

▶ 그리고 충수(맹장)도 구경하세요. 창자에서 삐죽 튀어나와 있는 이것은 누구나 하나씩 갖고 있지만, 무슨 일을 하는지는 아무도 모른답니다!

오후 10:00 넓고 편안한 대장에서 밤을 보내게 됩니다. 이 곳에서는 주위의 모든 것이 평화롭지요. 등을 대고 누워 음식물로부터 물이 빠져 나와 꼴꼴거리며 신체로 흡수되는 소리에 귀를 기울여 보세요.

오전 7:30(몇 시간 전후의 차이가 있음) 자, 이제 구명복과 낙하산을 착용하세요. 변기로 떨어져 내릴 시간입니다.

들어가 위와 장을 거쳐 배설되기까지의 과정을 한 편의 여행담처럼 꾸며 독자가 긴장감과 속도감 있는 여행에 동참한 것처럼, 재미를 불어 넣고 있을 뿐만 아니라 지식이나 정보에 대한 집중력을 한층 높이고 있다.

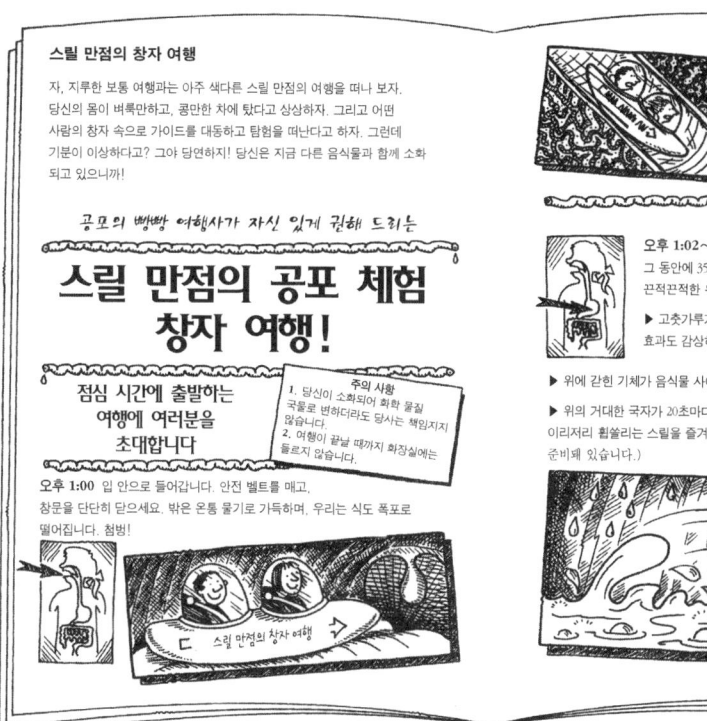

스릴 만점의 창자 여행

자, 지루한 보통 여행과는 아주 색다른 스릴 만점의 여행을 떠나 보자. 당신의 몸이 뾰족만하고, 콩만한 차에 탔다고 상상하자. 그리고 어떤 사람의 창자 속으로 가이드를 대동하고 탐험을 떠난다고 하자. 그런데 기분이 이상하다고? 그야 당연하지! 당신은 지금 다른 음식물과 함께 소화되고 있으니까!

공포의 빠빵 여행사가 자신 있게 권해 드리는

스릴 만점의 공포 체험 창자 여행!

점심 시간에 출발하는
여행에 여러분을
초대합니다

주의 사항
1. 당신이 소화되어 화학 물질 국물로 변하더라도 당사는 책임지지 않습니다.
2. 여행이 끝날 때까지 화장실에는 들르지 않습니다.

오후 1:00 입 안으로 들어갑니다. 안전 벨트를 매고, 창문을 단단히 닫으세요. 밖은 온통 물기로 가득하며, 우리는 식도 폭포로 떨어집니다. 첨벙!

스릴 만점의 창자 여행

오후 1:01
25cm의 식도를 내려가는 9~13초 동안 스릴 있는 자유 낙하를 즐기세요.

오후 1:02~6:00 위에서 다섯 시간 동안 머뭅니다. 그 동안에 3500만 개의 분비 구멍에서 위액이 흘러나오는 끈적끈적한 위벽을 충분히 감상하세요.

▶ 고춧가루가 위벽을 발갛게 빛나게 하는 아름다운 석양 효과도 감상하세요.

▶ 위에 갇힌 기체가 음식물 사이에서 짓눌리면서 나는 천둥 소리를 들어 보세요.

▶ 위의 거대한 국자가 20초마다 한 차례씩 휘저을 때마다 소용돌이 속에서 이리저리 휩쓸리는 스릴을 즐겨 보세요.(속이 거북하신 분을 위해 비닐 봉지도 준비돼 있습니다.)

　마지막으로 앞서 지적한 것처럼 한 편의 이야기에서 제일 중요한 부분 중의 하나인 도입부의 설정과 관련된 사실을 주목해야 한다. 도입부에서 독자의 흥미를 강하게 끌어야 독자의 몰입을 이끌 수 있고, 또 이 부분에서 이 한 편의 이야기의 전체적 윤곽을 제시해야 독자가 확연한 인상을 갖고 이야기를 쫓아갈 수 있다. 이 책의 도입부는 이 두 가지 기능을 잘 갖추었다는 점에서 모범적이다. 화자는 서두에서 메리세리가 쓴 프랑케슈타인과 16세기의 유명한 과학자 안드레아스 베르살리우스의 일화를 절묘하게 뒤섞어 도입부를 장식하고 있다.

　공포스럽고 엽기적인 이야기가 주는 충격성 때문에 머리털이 곤두설 정도의 긴장감이 나도록 몰입하게 만들면서도 신체조각들을 엮어 만든 프랑케슈타인을 먼저 소개하여 신체의 각 부분에 대한 분해나 조립을 개연성 있는 이야기처럼 만들어 놓고는 유럽이나 미국에서 행해졌던 과학자들의 은밀한 시체해부를 상상력을 동원해가며 흥미롭게 재구성한다. 물론 이 이야기는 인용된 부분의 마지막에 나온 것처럼 "천신만고 끝에 시체 조각들을 확보했다. 이제 프랑케슈타인 괴물을 만들기 위해 그것들을 꿰어 맞추어야 한다. 그런데 조각그림 맞추기와는 달리, 여기서는 가운데 부분부터 맞추어 나아가야 한다. 모든 부분을 정확하게 제자리에! 어느 조각이 무엇인지 아는 데 도움이 되도록 신체의 각 부분을 소개한다"라고 말해 독자가 까다로우면서 지루한 신체의 각부에 대한 개괄적 소개에 집중하도록 만들고 있다. 다음에 이어질 신체의 각부에 대한 개괄적 소개는 이 책의 전체 로드맵과 같은 것이어서 반드시 필요한 부분이니 그 까다롭고 어찌 보면 지루한 내용을 긴장감을 가지고 접하게 만드는 매우 용의주도한 방식이라 하겠다.

② 전율과 웃음 그리고 신이

많은 과학적 지식을 집중적으로 전 달하는 것은 쉬운 일이 아니다. 더욱이 유년에서부터 청소년기의 독자를 대상 으로 재미있게 전달한다는 것은 더욱 힘든 일이다. 그래서 이 책에서는 앞서 검토한 여러 장치들이 동원되었지만 역시 독자의 흥미를 끌만한 이야기의 재미란 '재미있거나 신기하거나 무서 운' 것이다. 독자들의 흥미를 끌 수 있 는 자극성은 이 세 축이 가장 기본이라 하겠다.

우리는 이미 이 책의 도입부에서 필 자가 독자들의 몰입을 유도하기 위해 프랑켄슈타인과 시체해부라는 섬뜩한 이야기를 도입한 것을 살펴보았는데, 전율스런 공포를 불러오는 이야기는 신체의 각 부를 하나하나 설명해가는 각 장에서도 여전히 이어진다. 즉 독자

진상 조사 X-파일 : 신경

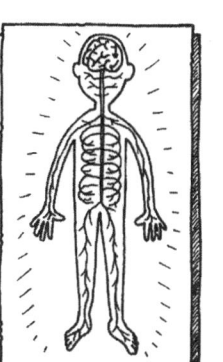

이름 : 신경

있는 곳 : 신체 전체에 네트워크를 구축하고 있지만, 주로 등뼈에 많이 있으며, 두뇌로 연결된다.

유익한 일 : 감각에서 전달받은 정보를 두뇌로 보낸다. 그리고 두뇌로부터 명령을 받아 해당 신체 부위에 전달한다.

섬뜩한 사실 : 몸에서 잘려 나간 손가락의 신경에 전지를 연결시켜 손가락을 씰룩씰룩 움직이게 할 수 있다. 여러분의 학교 과학 실험실에도 하나쯤 있지 않을까?

놀라운 사실 : 신경은 초속 100 m의 속도로 신호를 전달할 수 있는데, 이것은 그 중에서도 느린 속도에 해당한다.

아주 빠른 신호

신경의 메시지는 신경 세포에서 발생하는 전기 신호로, 한 세포에서 다음 세포로 차례로 전달된다. 어휴! 엄청나게 지겨 운 작업이겠군! 신경 세포들은 실제로는 서로 닿아 있지 않 다. 신호는 세포들 사이의 틈을 뛰어넘는 화학 물질에 의해 전 달되어 다음 세포에서 전기 펄스를 일으킨다.

의 긴장이 느슨해지는 시점이나 각 장의 중요한 사실을 먼저 개괄적으로 전하는 각 장의 도입부에는 거의 예외 없이 전율을 일으키는 무서운 이야기가 도입된다. 실례로 각 장의 도입부에 그 장에서 담을 가장 중요한 사실들을 요약 정리한 이른바 '진상조사 X-파일' 부분을 보면 항상 '섬뜩한 사실', '놀라운 사실'의 항목이 있다. 그 한 예를 보자.

미국의 인기 TV 드라마로 한국에서도 인기를 끈 'X-파일'은 신비하고 괴이한 비밀들을 풀어나가는 미스터리물인데 여기서 그 인기를 활용하기도 했고, 다른 한 편으로는 '연예인 X-파일', '기업 X-파일'의 경우처럼 'X-파일'이란 명칭이 비밀문서의 보통명사로 확연하게 인식된다는 점도 이용하여 각 장에서 다룰 신체의 각부의 구조나 기능을 압축하여 제시하는 부분을 '진상조사 X-파일 : 피부'처럼 비밀문서에 접근하듯이 은밀한 긴장을 조성하며 독자의 몰입을 강화하고 있다. 그리고 각 장의 도입부에 어김없이 등장하는 이 'X-파일'의 마지막 항에는 항상 '끔찍한 사실'과 '놀라운 사실'을 두어 두려움과 긴장감을 불러일으키는 자극적인 이야기를 동원하고 있다.

둘째로 웃음에 친근한 세대의 독자들에 맞추어 재미난 웃음을 유발하는 기지나 위트에 많은 관심을 기울이고 있다. 주로 만화로 된 부분에 많이 이용되는데 코믹한 그림과 대사가 주를 이룬다. 수술대 위에서 초조하게 기다릴 환자에게 견습생 의사는 섬뜩한 칼과 집게를 들고 '숙제하는 중이니 가만히 계세요'라고 천연덕스럽게 말하며, 3년 전에 다리를 절단한 환자가 절단부위가 가렵다고 말하자 의사는 자못 심각한 표정으로 '나무좀이 생겼다'고 진단하며, 반사작용을 검사받는 환자는 쇠망치를 휘두르는 의사에게 황급히 '작은 고무망치라고 했잖아'라고 외친다. 두 얼간이 의사의 엉뚱한 소동이 웃음거리가 되는데 하필 세 경우 모두 웃기는 주체가 환자가 아니라 의사라는 점에서, 즉 유년에 가장 공포를 주는 병원이나 주사가 연상되는 그래서 두렵기도 하고 경외스럽기도 한 의사라는 점에서 전복적 의미를 담은 통쾌한 웃음을 유발한다.

셋째로 독자의 지적 흥미를 자극하는 신이한 이야기가 자주 등장한다. 주로 역사적 사건이나 과학적 사실 중 신이한 것들을 추려내어 소개함으로써 충격적인 사실에 접한 독자의 호기심을 자극하거나 비밀스런 지식을 알게 되었다는 지적 만족을 불러온다. 충격적인 사실에 놀라워하고 나만이 알게 된 비밀을 뽐내고 싶어 하는 유년 혹은 청소년 독자들의 모습이 눈에 선하게 그려지는 대목이다.

세계의 최고 기록을 담은 기네스북에 어린이들이 놀라운 관심을 갖는 것에서 볼 수 있듯이 경쟁은 매우 재미있는 이야깃거리를 만드는데 이 책에서도 신체

진기한 세계 기록 보유자들

가장 긴 손톱 인도의 슈리다르 칠랄은 1952년부터 손톱을 깎지 않았다. 1995년에 그의 왼손 손톱은 574 cm까지 자랐다.

가장 긴 머리카락 인도의 마타 자그담바가 4.23 m까지 길렀다. 이것은 실로 놀라운 일이다. 앞에서 말했다시피, 정상적으로는 머리카락이 90 cm 정도 자라면 빠져 버리기 때문이다.

가장 긴 턱수염 미국의 한스 랭세스(Hans N. Langseth)가 533 cm까지 길렀다. 슬프게도, 그는 더 이상 세상에 존재하지 않는다. 1927년에 사망했기 때문이다. 그러나 그 유명한 턱수염은 박물관에 전시돼 있다

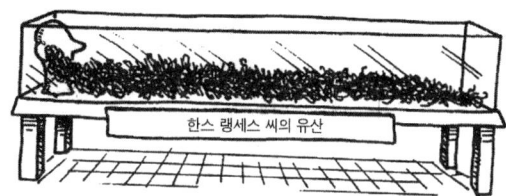
한스 랭세스 씨의 유산

가장 긴 콧수염 인도의 칼리얀 람지 사인은 1976년부터 콧수염을 길러 오고 있다. 1993년에 339 cm까지 자랐는데, 그 다음에 어떻게 됐는지 알 수 없다.

차점자 : 영국의 존 헤이(John Hay)는 1939년부터 콧수염을 기르기 시작했다. 1976년에 그것은 189 cm까지 자랐다. 그런데 어느 날 목욕탕에서 자신의 콧수염을 깔고 앉았다가 그만 42 cm가 떨어져 나가 버렸다고 한다.

123

와 관련된 세계 최고 기록을 갖고 있는 신이한 사람들의 이야기가 펼쳐지고, 안구는 시신경이 안구내부에 연결되는 지점에 시각이 소실되는 맹점을 갖고 있다는 흥미로운 사실이 제시되며, 범죄자이자 카우보이인 엘머 매커디의 시신을 법의학적인 지식을 통해 추론해 나가는 흥미진진한 이야기가 그려진다. 신체의 각 부를 설명하면서 좀 더 재미있게 전달하기 위해 흥미로운 과학적 사실과 역사적 사실들을 적절하게 제시하는 노력이 돋보이는 대목이다.

　③ 퀴즈와 실험

　퀴즈와 실험은 모두 문제를 풀 때의 성취감이나 신기한 현상을 관찰하는 놀라움을 준다는 점에서 독자들에게 정보나 지식을 접하는 기쁨과 함께 별난 재미를 선사한다. 이 책에서는 비교적 실험이나 퀴즈를 적극 활용하고 있는데, 몇 가지 점에서 다른 에듀테인먼트에서의 실험이나 퀴즈와 다소 다른 면을 보이기도 한다. 물론 정확한 수치와 관련된 지식이나 정보를 전달할 때 독자들의 흥미를 유지하기 위해 단순히 질문과 답을 제시하는 퀴즈를 동원하는 방식은 다른 에듀테인먼트 출판물과 동일할 경우가 있다.

　하지만 『구석구석 인체탐험』에서는 다소간 다른 방식의 퀴즈가 동원되는데 그것은 실험과 퀴즈를 맞물리게 하거나 무섭고 권위적인 선생님을 골려주는 장난기를 발동하는 재미를 부추기는 방식이다.

　제시된 예에서 볼 수 있듯이 실험의 결과를 확인하는 문제를 제시하여 답을 맞추게 하고 그 원인을 설명케 함으로써 실험과정에 몰두할 수 있게 하고 실험과정에 나타난 현상의 원인을 곰곰이 생각해 보도록 유도하고 있다. 또 그 답을 바로 확인할 수 있도록 배려함으로써 보

뼛속에는 무엇이 있는가?

어떤 뼈는 딱딱하지만 속에 스폰지처럼 구멍이 숭숭 뚫린 곳이 있는가 하면, 또 어떤 뼈는 기다랗고 속이 비어 있으며, 그 속에 젤리 같은 빨간 골수가 들어 있다. 개들은 골수를 아주 좋아하는데, 맛있는 육질이 많이 포함돼 있기 때문이다. 그러니 여러분도 골수를 좋아하겠지? 경이로운 골수는 매일 새로운 혈액 세포를 1730억 개나 만들어 낸다.

현미경으로 뼈를 관찰하면, 작은 구멍들이 나 있는 것을 볼 수 있다. 이 구멍들은 혈관과 신경이 지나가는 터널이다.

이 구멍들은 그것을 발견한 영국의 클롭턴 해버스(Clopton Havers)의 이름을 따 해버스관(Haversian canal)이라 부른다. 작은 구멍들을 관이라 부르는 것이 어색하게 들릴지 몰라도, 클롭턴뼛구멍이라 부르는 것보다 훨씬 낫지 않은가?

선생님을 골려 주는 질문

여러분의 선생님은 뼈에 관해 얼마나 많이 알고 있을까? 까다로운 질문들을 던져 선생님이 쩔쩔매며 괴로워하는 모습을 즐겨 보자!

1. 아래 뼈 중에서 사람에게 있는 것은? 하나만 고를 것.

   a) 꼬리뼈

   b) 주골(팔꿈치뼈)

   c) 코뼈

직접 해 보는 실험 : 안구는 어떻게 움직이는가?

당연히 여러분은 자신의 예민한 안구 카메라를 빨리 실험해 보고 싶을 것이다. 그래서 몇 가지 테스트를 소개한다.

테스트 1 : 어둠 속에서의 시력

캄캄한 방과 손전등과 토마토가 필요하다. 손전등의 불빛을 토마토에 비추었다가 다른 곳으로 옮겨 보라. 불빛을 토마토에서 다른 곳으로 돌리는 순간, 토마토의 색깔이 어떻게 변하는가? 그 이유를 설명할 수 있는가?

a) 토마토는 불빛을 비추어 줄 때에나 불빛을 치웠을 때에나 항상 붉게 보인다. 어둠 속에서도 우리의 눈은 색을 정확하게 볼 수 있기 때문이다.

b) 토마토는 불빛을 비추어 줄 때에는 붉게 보이지만, 불빛을 치웠을 때에는 회색으로 보인다. 어둠 속에서는 눈이 색을 볼 수 없기 때문이다.

c) 토마토는 불빛을 비추어 줄 때에는 붉게 보이지만, 불빛을 치웠을 때에는 파란색으로 보인다. 어둠 속에서는 빛에 예민한 안구 세포들이 혼동을 일으키기 때문이다.

테스트 2 : 눈동자 실험

캄캄한 방과 거울 하나, 그리고 불빛이 필요하다. 어둠 속에서 눈이 적응할 때까지 기다린다. 손으로 왼쪽 눈을 가린 채 불을 켜 거울을 밝힌다. 그러면 손으로 가리지 않은 눈동자가 갑자기 조그맣게 변할 것이다. 그러면 손으로 가린 다른 눈동자는 어떨까?

a) 여전히 크다.

b) 역시 작아진다.

상에 대한 기대를 저버리지 않고 있다. 아울러 '선생님을 긇려주자'라는 제목에서 알 수 있듯
이 필자는 뼈에 관한 암기가 필요한 지식을 묻는 과정에서 '까다로운 질문들을 던져 선생님
이 쩔쩔매며 괴로워하는 모습을 보자' 하며 노골적으로 독자들의 장난기를 발동하게 부추기
고 있다. 실제로 독자가 선생님에게 질문하지 않더라도 그 모습을 연상해가며 재미있는 상상
을 하도록 유도하는데 여기에 더해 각 질문은 단순히 암기하고 있는 사람만이 답을 맞히는
것이 아니라 여러 가지 연상을 통해서도 답을 유추할 수 있도록 만듦으로써 독자들이 암기된
지식의 부재로 문제를 푸는 데에 지루함을 느끼지 않도록 배려하고 있다.

예를 들면 문제에서 아이의 뼈의 개수를 물으면서 선택지의 하나에 슬쩍 어른 뼈와 마찬가
지로 206개라는 수치를 제시하는데 이에 따라 독자는 여러 상상을 하게 된다. '아이도 어른과
뼈 개수는 똑같을까?', '아니면 커가면서 뼈가 새로 생기나?', '혹시 아이의 작은 뼈들이 어른
이 되면서 큰 뼈로 합쳐지나?' 하는 상상들 말이다. 여러분도 만일 선택지에서 어른의 뼈가
206개라고 슬쩍 가르쳐 주는 정보가 없었다면 또 암기된 지식이 없었다면 얼마나 지루했을지
또 얼마나 쉽게 문제 읽는 것을 포기했을지 상상해보라. 필자의 조그만 배려가 독자로 하여
금 쉽게 포기하거나 지루해하지 않고, 온갖 상상을 해가며 몰두하여 문제를 풀이하도록 만들
고 있는 것이다.

❷ 기능습득의 방법론-『길이길이 기억해』

지식이나 정보를 담은 에듀테인먼트를 제작할 때 특별한 경우 중의 하나는 특정한 기능을
교육하는 내용을 담는 경우이다. 지식이나 정보를 습득한다는 점에서는 다른 에듀테인먼트들

과 차이가 없지만 특정한 기능의 습득이나 향상이라는 구체적인 목표가 기획되는 경우, 그 기능의 습득이나 향상을 위한 방법론이 중요시되기 때문이다. 이는 달리 말해 특정한 분야의 기능의 습득 및 향상을 위한 방법론을 만들었거나 인지하였을 경우 에듀테인먼트 제작을 위한 월등한 산출 소스 혹은 모티프를 획득했다는 것을 의미하기도 한다. 한마디로 특정한 기능의 습득을 위한 방법론의 개발은 에듀테인먼트 산출로 직결될 수 있는 지름길인 것이다. 이 전형적 예를 앗 시리즈 중 『길이길이 기억해』가 보여주고 있다.

특정한 기능의 습득을 위한 방법론을 제시하는 에듀테인먼트가 갖추어야 할 첫 번째 요건은 기능의 습득 전후가 갖는 변화, 즉 습득 후의 변

테스트 3 : 낱말 목록

다음에 쓰인 낱말 목록은 반드시 차례대로 외워야 한다. 제한 시간은 2분.

1. 산 2. 고래 3. 불 4. 정문 5. 노래
6. 입맛 7. 새로운 8. 수증기 9. 구멍 10. 길다

이제 목록을 가리고 차례대로 외워서 써본다.

제대로 맞힌 낱말 하나에 2점씩, 그리고 순서에 맞게 쓴 낱말은 보너스로 2점을 더 준다. 전체 목록을 차례대로 다 썼다면 모두 20점이지.

기막힌 기억력
얼마 전 뉴질랜드의 마오리족 족장인 카우마타나(Kaumatana)는 자기 부족의 전 역사를 암송해 냈다. 그 이야기는 장장 1000년에 걸친 역사로, 거기 등장하는 이름이나 사건들은 45세대까지 거슬러 올라간 것이었다. 카우마타나가 그 놀라운 이야기 전체를 암송하는 데에는 꼬박 3일이 넘게 걸렸다.

화상에 대한 목표치를 매우 분명히 제시해주어야 한다는 것이다. 이런 에듀테인먼트에 제시된 방법론을 통해 기능을 습득했을 경우 습득자의 능력이 개발되는 목표치를 수치화될 정도로 객관적인 지표상승으로 확인시켜 주어야 한다. 그래야만 수용자가 재미를 누리는 것에만 안주하지 않고 열의 있는 자세로 기능의 습득에 임할 것이기 때문이다. 이 책에서는 서두에 개인이 스스로의 기억능력을 테스트해 볼 수 있도록 테스트 1 : 사물, 테스트 2 : 전화번호, 테스트 3 : 낱말목록, 테스트 4 : 설문조사, 테스트 5 : 이름과 얼굴, 시계테스트, 기억력 테스트들을 제시하고 있다.

이 테스트들은 모두 짧은 시간 안에 문제를 풀 수 있도록 간단한 것들인데, 2분 동안 20개의 낱말을 읽어보게 한 뒤 또 다른 20개의 낱말목록을 제시하고 두 목록 사이에 다른 사물이 있으면 골라내는 방식이거나, 5개의 서로 다른 장소의 전화번호를 제시한 후 그것들을 순간적으로 잘 외웠는지 테스트하는 방식 등이다. 그런데 이 경우 모두에는 자신의 기억력을 객관적으로 평가할 수 있도록 수치화된 배점이 분명히 제시된다.

또한 상기한 테스트 중 1에서 5까지의 테스트 결과 나온 점수를 합계하여 기능 습득 이전의 기억력 상태를 스스로 분명히 알 수 있도록 제시하고 있다. 채점 결과에 따라 자신의 상태에 대한 정확한 진단을 통해 분명한 목표치를 정하게 하고 그에 따라 기능습득을 위한 과정에 자발적으로 몰입하도록 하는 것인데, 사실 현재의 상태에 대한 평가척도가 상당히 까다로운 편이다.

이 책이 기능습득을 위한 에듀테인먼트가 갖추어야 할 첫 번째 조건이 기능습득 후의 변화상에 대한 목표치를 수치화할 정도로 엄격하게 제시해주어야 한다는 점은 책의 본론 부분에

여러분의 성적은?

기억력 테스트는 이것으로 끝났다. 점수가 잘 나오지 않았다고 걱정할 필요는 없다. 이 책의 목적은 여러분의 기억력을 부쩍 향상시키는 것이고 여러분은 이제 모든 분야에서 기억을 향상시키는 비법을 배우게 될 테니까. 그러나 쑥쑥 자라나는 여러분의 기억력을 표로 만들려면 우선 여러분의 출발점을 알아두는 게 중요하다.

출발점에서의 기억력을 계산하기 위해서는 다섯 번의 테스트에서 얻은 점수를 모두 더하면 된다. 100점이 만점이다.

다음은 여러분의 점수에 대한 평가이다.

10점 이하	걱정된다.
11점~30점	그럭저럭 써먹을 만하다.
31점~50점	보통이다.
51점~70점	좋은 편이다.
71점~90점	아주 좋다.
90점 이상	그야말로 끝내준다.

기막힌 기억력

1894년, 영국 스톡포트의 한 이발사인 너폴리언 버드(Napolian Bird)는 순전히 곡을 외워서 44시간 동안 피아노를 연주했다. 똑같은 곡을 단 한 번도 반복하지 않고서!

서 매우 구체적인 기능습득의 방법론을 자세하게 제시한 후 결미에서 다시 서두의 5가지 테스트에 상응하는 테스트 - 다른 4가지 테스트 항목은 똑같고 다만 서두의 4번째 테스트인 설문조사를 결미에서는 20명의 유명인 이름을 암기하는 것으로 대체한 정도 - 를 제시하고 다시 그 총점의 합계로 향상된 기억력 수준을 가늠할 수 있게 한 것에서 확인할 수 있다.

특정한 기능습득을 위한 에듀테인먼트가 갖추어야 할 두 번째 조건은 이런 책이 제시해야할 방법론조차 재미있어야 한다는 점이다. 사실 우리가 에어컨이나 휴대폰의 기능을 익히기 위해 제시된 매뉴얼을 볼 때 그 무미건조하고 복잡한 설명 때문에 매뉴얼에 기초한 기능습득을 버리고 스스로 이리저리 시행착오를 겪어가며 방법론을 익힌 경우가 얼마나 많은가? 만일 기억력에 관한 이 책이 그런 매뉴얼처럼 재미있고 알기 쉬운 방법론의 제시에 고민하지 않았다면 일반 매뉴얼들과 별반 다르지 않았을 것이다. 또 그런 책을 결코 에듀테인먼트라 부를 수 없을 것이다.

이 책은 그런 점에서 기능습득을 위한 방법론의 제시에서 '재미있고 알기 쉽게'라는 에듀테인먼트의 목표에 부합하고 있다. 먼저 기억력 향상을 위해 스토리텔러가 제시한 가장 중요한 요점을 인용해 보면 다음과 같다.

- 동기를 가진다.
- 자신감을 가진다.
- 정보를 구성하고 흩어서 새로 무리 짓거나 하나의 이야기로 연관 짓는다.
- 생생한 그림을 그린다.
- 과장한다.
- 상상력 속으로 뛰어들어 경험한다.

이런 요건들은 기억력을 향상 시키려는 목표를 분명히 세우고, 스스로 잘 기억할 수 있다는 자신감을 가져야 하며, 영상적 이미지를 간직하라는 등의 지적이어서 우리가 익히 짐작할 수 있는 상식적인 것들이다. 하지만 이 중 '정보를 구성하고, 흩어서 새로 무리짓거나 하나의 이야기로 연관짓는다' 항목은 기억력을 향상시키기 위한 방법론의 핵심으로 이야기 만들기, 즉 스토리텔링의 활용 필요성이나 중요성을 강조한 것이어서 주목된다. 그 방법론의 한 예를 들면 다음과 같은 것이다.

연관짓기

왜 책 한 권을 읽고난 후, 또는 영화 한 편을 보고난 후 별 어려움 없이 줄거리를 기억할 수 있을까? 그건 연관성 때문이다. 하나의 작은 이야기가 다른 이야기로 이어지고 하나의 장면이 다음 장면으로 이어진다. 그래서 여러분은 상당한 양의 정보를 되살릴 수 있게 되는 것이다.

노래도 마찬가지다. 만약 중간부터 부르라고 하면 노래가 잘 생각나지 않는다. 그러나 처음부터 부른다면 한 소절마다 기억이 되살아 나면서 다음 소절로 이어진다.

다른 유형의 정보들도 똑같은 방법으로 연결지을 수 있다. 그러나 그 연관성을 기억하는 데는 상상력을 발휘해야 한다. 예를 들어 다음의 장보기 목록을 외워야 한다고 상상해 보자.

감자 초콜릿 비누 우유 빵 참치캔 쓰레기봉투 라면

위에 적은 물품들은 어떻게 보아도 연관이 없는 것들이다. 그러나 상상력을 덧붙인다면 연관이 있을 수도 있다. 이 모든 것을 함께 연결짓는 기묘한 이야기를 지어내면 어떨까? 여러분의 상상력이 나래를 펼 수 있도록 고삐를 풀어 주자. 준비 됐나?

이야기 짓기

이야기는 여러분이 커다란 감자의 껍질을 벗기면서 시작될 것이다. 감자 껍질을 벗겨 보니 놀랍게도 그 속이 단단한 초콜릿으로 되어 있는 게 아닌가! 여러분은 참지 못하고 한 입 베어 먹는다. 그런데 무슨 맛이 이래! 그 초콜릿은 비누 맛이다! 입에서 비누거품이 뽀글뽀글 나오기 시작한다. 그런데 그 중에 특히 희한하게 생긴 거품들이 있다. 아니나 다를까, 픽 터지고 보니 그 속에는 우유가 가득했다! 우유가 바닥에 확 쏟아진다. 곧이어 우유가 차오르자 여러분은 빵으로 만든 뗏목에 기어 올라간다. 그 뗏목 주변에는 커다란 참치들이 헤엄치고 여러분은 참치 한 마리를 잡아서 쓰레기봉투 속에 넣는다. 참치가 계속 퍼덕거려서 여러분은 길고 가느다란 라면 가락으로 쓰레기봉투를 묶는다.

이 이야기를 한 번 더 읽어보라. 다 읽었으면 눈을 감는다. 연속되는 사건들을 머리 속으로 더듬어보고 여덟 가지 품목을 소리내어 말해본다.

모든 일은 여러분이 감자 껍질을 벗기고 있을 때 시작되었다. 알고 보니 그 감자는 속이 단단한…

기억할 대상들을 원형 그대로 혹은 연상되는 다른 것으로 치환하는 다소간 다른 경우가 있기는 하지만 근간은 그 대상들을 하나의 재미있고 자극적인 이야기로 만들어 기억한다는 것이다. 사실 기억술을 위한 다른 요점인 '생생한 그림을 그린다', '과장한다', '상상력 속으로 뛰어들어 경험한다'도 궁극적으로 한 편의 이야기를 재미있고 극적으로 만드는 데 기여하는 것들이라 결국 같은 의미를 띤다 하겠다. 이쯤 되면 우리는 두 가지 사실을 알 수 있는데, 하나는 기억능력을 향상시키기 위한 다양한 방법론이 결국은 재미있고 자극적인 이야기 만들기라는 것이어서 스토리텔링의 힘을 다시 한번 일깨워 주기도 하며 다른 한편으로는 기능습득을 위한 에듀테인먼트에서는 반드시 제시되어야 할 방법론도 역시 재미있고 흥미로워야 하며 상당부분 자극적인 측면이 있어야 한다는 것을 보여준다.

❸ 투쟁사와 만화, 역사지식 에듀테인먼트의 핵─『잉카가 이크이크』

최근 세계역사를 만화로 꾸민 '아스테릭스' 시리즈나 '먼나라 이웃나라' 편에서 보듯 역사를 재미있게 전달하려는 에듀테인먼트가 주목을 받고 있다. 역사가 특정 시기 사람들의 삶을 반영한 것이어서 이야기의 형식으로 꾸미기 좋다는 성격이 반영된 것인데 앗 시리즈의 『잉카가 이크이크』 역시 그런 사실을 잘 보여 주고 있다. 이 책은 에듀테인먼트로서의 역사서를 제작할 때 참고해야 할 점으로 스토리텔링의 도입이라는 점 외에도 다른 여러 가지 주요한 사실을 보여 준다는 점에서 살펴볼 가치를 지닌다.

우선 가장 눈에 띄는 점은 역사를 담은 에듀테인먼트를 출판물로 제작할 경우 당대인들의 삶을 생생하게 그리는 효과를 위해 동원하는 영상의 문제이다. 앞서 지적한 '아스테릭스 시리즈'나 '먼나라 이웃나라'의 경우처럼 전편이 아예 만화로 제작된 것에서 볼 수 있듯이 그림과 과장된 표현이 동원된 만화는 생생하면서도 재미있는 전달 효과 때문에 가장 선호되는 매체이기는 하다. 그러나 전달하려는 지식이나 정보의 양이 많은 때에는 만화는 일정한 한계를 갖는 것이 사실이다. 이럴 경우 서술형 기술과 만화를 적절하게 구사하는 것은 지식과 정보의 충실한 전달과 재미의 양쪽을 쫓기 위한 하나의 절충적 대안이 될 수 있다.

이 책에서는 서술형 기술 부분과 만화로 된 부분이 적절하게 조합되어 있는데 어느 부분을 만화로 그릴지에 대한 비교적 명확한 구분점을 갖고 있다. 즉 인간의 탐욕과 공포 혹은 폭력성과 같은 근원적인 본능이 반영되는 역사적 사건을 그릴 때면 당연히 만화의 캐릭터가 가진 얼굴 표정, 움직임, 육성 등을 동원하여 생생하고 감각적인 전달을 꾀하고 있고, 집단살육처럼 잔혹하고 충격적인 역사적 사건을 다룰 때 역시 그 전율의 느낌을 극대화시킬 수 있도록 영상의 재현성 혹은 만화의 과장성을 한껏 이용했다. 아울러 상황에 어울리지 않는 엉뚱한 행동 등으로 웃음을 유발하려 하거나 공간에 대한 명확한 인지가 역사적 이해의 관건이라고 판단될 때 등도 예외 없이 만화를 동원하고 있다.

잉카가 이크이크

프랑스의 자존심이라고까지 불리는 아스테릭스 시리즈

적들은 잉카 군대의 돌무더기를 보기만 해도 지레 겁을 먹고 달아났다!

2. 공포심을 더하기 위해, 잉카인들은 패배한 창카족 지도자들의 살가죽 안에 짚과 재를 채워 넣었다. 그들은 이 시체를 특별한 묘지의 돌 의자 위에 앉혀 놓았다. 그리고 시체의 팔을 굽혀 놓아서 바람이 불 때마다 손가락이 팽팽한 뱃가죽을 두드리게 해 놓았다. 북을 두드리듯 말이다! 그 메시지는 뻔한 것이었다.

3. 잉카 전사들은 싸움터에 나갈 때 소름끼치는 노래를 불렀다.

다. 어때, 지원할 생각이 드는지?

신전의 제물로 바쳐진다는 것과는 별도로, 선택받은 여자에게 또 다른 위험이 따라다녔다. 절대, 절대로 임신해서는 안 된다는 것이다. 아주 끔찍한 벌이 내려졌으니까!

그런데 놀랍게도 선택받은 여자가 이 끔찍한 처벌을 피하는 방법이 하나 있었다. 이렇게 한 마디만 하면 끝이었다.

그러면 그 여자는 무사했다!

잉카의 왕도

잉카인들이 정복민들을 이용했던 또 하나의 일은 잉카의 '왕도(Royal road)'를 건설하는 것이다.

네 개의 길이 잉카 왕국의 네 지역에서 뻗어 나와 쿠스코 한

　다음으로 살펴 볼 사실은 이 책이 에듀테인먼트로서의 역사서라는 입장을 비교적 솔직히 인정한 점과 관련이 있다. 본격적인 학술서나 이론서 혹은 교과서 등과는 차별점을 분명히 했는데, 전자의 역사서들이 당대 역사에 관한 정치, 경제, 사회, 문화 등에 관한 지식을 총체적으로 다룰 수 있는 여력 혹은 환경을 한껏 이용하고 있다는 점과는 달리 에듀테인먼트로서의 역사서는 쉽고 재미있는 이해와 그에 따른 분량의 한계 등을 감안하면 그 속성에 맞게 어느 정도 지식이나 정보도 한계를 가질 수밖에 없다는 점을 선선히 인정하고 있다. 즉 이 책은 보다 더 이야기의 극적 재미를 이끌 수 있는 투쟁사나, 생활과 밀접하여 호응도를 높일 수 있는 의식주와 관련된 일상사에 집중적인 조명을 가하고 있다.

　따라서 잉카 내부의 혹은 에스파니아 침략자와 잉카인간의 권력투쟁이나 독립투쟁 같은 것은 주체들의 개인적 성품이나 세세한 싸움 방식까지 동원하여 세밀하게 그려지며, 아울러 황제가 머리에 쓴 관에 달린 술은 어떻게 만들고, 큰 귀고리를 차기 위해 어떤 시술을 했는지, 또한 식사는 어떤 도구와 방식으로 했는지 등과 관련된 일상사 역시 세밀하게 그려진다. 한마디로 긴장감 넘치는 싸움 이야기나 흥미로운 일상사를 들여다보는 재미를 한껏 이용하는 셈이다. (사실 이 점은 몇몇 역사서로서의 에듀테인먼트들이 한정된 지면에 정치에서부터 문화에까지 모든 분야의 역사적 사실들을 모두 담으려는 혹은 중요한 역사적 사실들을 에듀테인먼트의 속성을 감안하지 않고 전부 다루려는 과욕 때문에 피상적인 역사기술로 흐르거나 항목만 나열하는 식의 무성의한 기술로 기우는 점과 대비된다.)

노동의 비애

에스파냐인들은 잉카인들을 착취해서 돈을 버는 방법을 발견하고서, 이들을 새로운 죽음의 길로 몰아 넣었다.

● 잉카인들은 곳곳의 광산에서 은광을 캐서 기다란 망토에 가득 담은 뒤, 그것을 지상으로 끌어내야 하는 중노동을 했다. 광산 꼭대기까지 오르면 산 위의 차가운 공기 때문에 몸이 오싹해졌고 많은 이들이 폐렴에 걸려서 죽었다.

● 수은 광산에서 일하는 노동자들은 먼지에 섞인 수은을 들이 마셨는데, 수은이 몸에 쌓여 중독될 수가 있었다. 수은 때문에 사람들은 목이 아프고 열에 시달리다 서서히 죽어 갔다.

● 에스파냐인들은 사탕수수 공장에 무거운 기계를 들여다 놓고 사탕수수를 짰다. 이들은 종종 잉카 농부들까지 으깨 버리는 경우도 있었다!

패배한 항거

물론 잉카인들은 에스파냐의 지배에 맞서 때때로 반란을 일으키기도 했다. 그러나 별로 성공을 거두지는 못했다. 그저 실패로 끝난 게 아니라 끔찍한 고통까지 받았다.

1536년 망코 카파크의 부활절 봉기가 일어나자, 에스파냐 군인들이 봉기를 진압하기 위해 그 도시로 쳐들어갔다. 잉카의 투사들은 유럽인들을 향해 맨 다리를 들어올려 보임으로써 이들을 비웃었다! (이런 욕은 지금도 안데스 산맥 지역에서 쓰이고 있다.) 그게 욕이었는지 모르지만 별로 효과적이지는 않았다!

이 싸움은 한 달이 넘게 계속되었다. 에스파냐인들은 끔찍한 전술을 시도했다. 이들은 원주민 여자들을 토막 내고, 사로잡은 전사들의 오른손을 잘라서 원주민들의 눈에 띄도록 요새 밖으로 내던졌다.

쿠스코에서 봉기가 일어난 후, 피사로는 처음으로 망코 카파크와 사이좋게 지내려고 노력했다. 그러나 이 시도가 효과를 못 보자, 정복자 피사로는 망코의 누이이자 아내를…

● 발가벗기고
● 나무에 묶어서
● 회초리로 사정없이 때린 뒤
● 화살을 쏘아 죽였다.

그런 다음 그녀의 시체를 바구니에 넣어서 강물에 띄워보내 잉카인들의 기지로 흘러가게 했다.

피사로는 또 망코 휘하의 가장 훌륭한 장군과 15명의 주요 잉카 장교들은 산 채로 화형했다. 망코는 에스파냐인 알마그로와 동맹을 맺어 우호관계에 있다고 생각했지만, 이 에스파냐인들은 그를 찔러 죽였다. 아무튼 대단한 친구들이다.

제시된 인용 부분에서 확인할 수 있듯이 에스파냐인과 잉카인들의 전쟁과 식민통치를 다루면서도 '잔혹사'라 부를 만큼 에스파냐인들의 잔인한 착취와 잉카인들의 혹독한 시련에 초점을 맞추면서도 주관적인 주장보다는 참혹한 실상의 특이하고 구체적인 실례를 나열해 독자들의 관심과 몰입을 이끌고 있는데, 특히 신문기사처럼 사실 중심의 기술을 통해 충격적인 사실에 대한 믿음을 담보하면서도 자극적인 장면에 대해서는 집요하리만치 세밀하게 묘사하는 전략도 놓치지 않고 있다.

또한 성인식과 같은 중요한 의례나 의식주와 관련된 일상사 역시 주된 관심사로 다루어지고 있는데, 흥미를 유발하는 방식은 특정 문화의 특이하고 고유한 방식을 소개하거나 만들기, 관찰, 실험처럼 교육현장과 관련된 학습활동을 활용해 역사와 문화를 소개하는 방식이다.

❹ 검색 기능과 새로운 가능성–『믿지 못해 미스터리』

믿지 못해 미스터리

앗 시리즈 중 『믿지 못해 미스터리』는 미스터리를 화두로 미스터리의 존재 가능성, 불가사의한 역사적 사실들, 기이한 현상, 예언, 신비한 치유현상, 기상천외한 현상, 미스터리의 오용자들 등의 내용을 담고 있다. 한마디로 미스터리에 대한 흥미를 끌만한 잡다한 지식들을 총망라한 셈이다. 각 소주제, 즉 각 장 사이에는 특정한 인과관계가 있는 것도 아니다. 마치 우리가 흔히 특정한 화두에 대해 사고를 할 때 머릿속에 즉흥적이고 산발적으로 떠오르는 연상들을 따라가며 한데 묶어 놓은 듯한 형태이다.

이쯤 되면 우리는 이제 우리의 지식 및 정보 탐색에서 가장 중요한 방식이 되어버린 인터넷의 검색 방식과 수집된 자료형태의 유사성을 떠올릴 수 있다. 정보사회에 들어서면서 인터넷이나 전자문서 등을 통해 쉽고 광범위하게 정보를 습득할 수 있다는 사실과 관련하여, 이제는 습득된 정보들을 유용하고 가치 있는 지식으로 정리하는 능력이 중요하다는 사실은 이미 상식이 되어버린 셈인데, 만일 우리가 일반인들의 관심을 끌만한 흥미롭고 신선한 화두 혹은 주제에 대해 이제까지 정보습득의 어려움이나 우리의 지적 한계 때문에 포기해야 했던 작업들이 있다면 이제는 상대적으로 인터넷이나 정보집적 능력이 뛰어난 매체들의 도움에 힘입어 그러한 작업들의 추진이 가능해진 것이다.

사실 이처럼 특정한 주제나 화두에 대해 관련된 문화, 사회, 역사, 정치, 경제 등 모든 분야를 망라하는 잡다하고 총체적인 지식이나 정보를 담은 출판물은 대중들의 기호를 예리하게 잡아내는 그 참신한 기획과 함께 동원된 자료의 방대함 혹은 폭넓음 때문에 독자들의 감탄을 자아내는데, 흔하게 넘쳐나는 자료 중에서 고른 여유 있는 선택 때문인지 재미있는 이야기 거리가 풍성하다.

물론 그것이 인터넷을 통해 얻은 자료만이 아니라 오프라인상의 고유한 자료라 할지라도 그 점이 중요한 것이 아니라 강조해야 할 사실은 방대한 자료를 인터넷상에서 검색하는 방식으로 추려 정리하는, 지식이나 정보의 정렬 방식 혹은 제공 방식의 효용성이다. 일례로 최근에 나온 출판물 중에서도 설탕, 부채, 암호 등을 화두로 그와 관련된 역사, 문화, 경제, 정치 등 다양한 분야의 잡다한 지식들을 마치 인터넷 서핑을 하듯이 정리하여 놓은 신간 등이 주목을 끈다. 『설탕의 세계사』, 『부채의 운치』 등이 그 예인데 도대체 특정한 일상생활의 소품이나 상품을 대상으로 전방위에 걸쳐 흥미로운 이야기를 풀어낸 솜씨가 예사롭지 않다. 그 구체적 실상을 『부채의 운치』의 목차와 서평을 통해 들여다보자(저우위치, 2006).

『부채의 운치』- 목차

1. 아름다운 부채 문화
2. 생활 속에서 태어난 부채
3. 새로운 예술, 부채 그림
4. 문학 작품 속의 부채
5. 부채에 쓴 사랑의 편지
6. 소형조각예술품, 부채
7. 부채와 노래, 춤
8. 연극의 필수요소, 부채
9. 부채와 문인
10. 혼례·장례에 깃든 부채 문화
11. 부채와 관련된 아름다운 풍습들
12. 부채와 건축미
13. 무협소설과 부채
14. 부채 즐기기
15. 전해 내려오는 명품 부채들
16. 부채 명가
17. 시 속의 부채들

『부채의 운치』 – 서평

'교양으로 읽는 중국생활문화' 시리즈 제1권으로 나온 『부채의 운치』는 중국 문화에서 특별한 위치를 차지하고 있는 부채의 모든 것을 담은 책이다. 부채의 연원부터 시작하여 예술품으로서의 부채, 문학 작품 속에 부채가 어떻게 녹아 들어가 있는지, 혼례·장례 등 생활 속에서 부채가 어떻게 쓰이는지를 설명하고, 부채의 모양을 본뜬 아름다운 건축물들을 소개하기도 하는 등 문화사적인 측면에서 다양하게 접근하고 있다.

부채의 원래 기능은 더위를 물리치고, 햇빛을 가리며, 불을 지피는 등 일상생활에 필요한 것이었지만 중국에서는 희곡·민속·군사·무협·TV·의약·가무·예의·시사가부 등과 결합되면서 풍부한 의미와 깨달음을 전달해 주는 일종의 문화적 언어를 만들어냈고 오묘한 효과도 발휘했다. 원래의 자연적인 기능을 진일보 발전시켜 다채로운 정신세계로 그 영역을 넓혀 나간 것이다.

경극의 거장 메이란팡은 연극 공연에서 아름다운 부채기술을 선보였는데 경극 ≪귀비취주≫에서 부채를 빌어 양귀비의 취한 모습과 복잡한 내면세계를 정교하게 형상화했다. 만일 곱고 화려한 부채가 없었다면 작품 중 인물이 형상화하고 연기하는 모습이 그 빛을 발할 수 없었을 것이다.

문학 작품 ≪삼국연의≫에서 제갈량은 항상 깃털 부채를 들고 나타난다. 깃털 부채를 들고, 푸른 윤건을 두르고 소탈함과 자유를 표방하며 군사를 지휘하고 멋스러운 풍격을 나타낸다. 우선, 윤건, 학창의, 4륜수레 4세트는 공명의 상징이 되어 공명이 죽은 다음에도 힘을 발휘한다.

《서유기》에서는 손오공이 불경을 구하러 인도로 가다가 800m의 화염산에 가로막히자 철선공주한테서 세 번이나 파초선을 빌려 49번 부채질을 하는 대목이 나온다. 그렇게 해서 불씨를 완전히 끄고, 세찬 비를 내리게 해 무사히 화염산을 건너가는 것이다. 조설근이 '열 번 다시 읽어 보고 다섯 번 첨삭해' 심혈을 기울여 만든 작품 《홍루몽》에서는 청문이 부채를 찢으며 '쫙', '쫙' 소리를 내는 장면이 나오는데 이는 청문의 강렬한 성격을 형상화한 것이다. 소설 《금병매》에서 서문경의 가솔들은 금박사천부채 등 진귀한 부채를 가지고 있는데 이는 서문경의 극에 달한 사치와 방탕한 생활을 보여주는 것이다.

이렇듯 중국의 문학 작품에서 부채는 빠지지 않고 등장한다.

혼례·장례 문화에서도 부채는 빠질 수 없었는데 신부의 치장과 의식에 부채가 사용되었다. 공예미술품인 부채는 조경 건축의 세계로 들어가 그가 갖고 있는 형태 미학을 유감없이 발휘했다. 부채 모양의 창문을 만들고, 날아갈 듯한 곡선의 환형 지붕을 만드는가 하면, 아름다운 정자와 누각에 이름 있는 서예 대가들이 글씨를 쓴 부채 모양의 편액을 달아 한층 멋을 드높였다. 중국 무협소설에서 부채는 무기가 되는데 부채 축에 용수철을 달아 누르기만 하면 자동으로 튀어 나가고, 부챗살 끝을 사람 얼굴에 조준해 독즙을 뿌려 눈과 귀를 멀게 할 수도 있는 필살기가 된다.

화려한 부채의 문학적 색채를 이야기한다면 중국 시사가부를 빼놓을 수 없을 것이다. 한나라 성제 시기의 반첩여가 지은 《원가행》에는 한 재녀의 가슴 아픈 사랑과 갈망이 한 자루의 가을 부채를 통해 표현되었다. 또 왕헌지와 그의 첩 도엽이 함께 노래한 《도엽가》와 《답왕단선가》에서도 부채를 빌려 사랑을 노래하며, 듣는 이의 심금을 울리기도 한다.

마지막 장에서 저자는 부채에 얽힌 아름다운 시사가부를 곁들여서 독자들이 부채의 매력에 흠뻑 빠져들 수 있도록 배려하고 있다.

목차와 서평에서 단적으로 확인되듯이 『부채의 운치』는 부채라는 지극히 소소한 일상의 소품을 대상으로 하면서도 그림, 연극, 문학 속에 나타나는 부채의 의미, 명품 부채, 부채 명가, 조각예술품으로서의 부채, 부채와 관련된 건축물, 부채와 연관된 문화와 역사 등을 폭넓게 다루고 있으며, 그 내용도 원전에 대한 세밀한 인용 및 분석으로 해박한 지식을 뽐낸다. 한마디로 방대한 자료에 대한 용기 있는 접근이라고 말하는 것이 가장 어울릴 만큼 관심의 폭을 한없이 확장하면서도 생생하고 구체적인 정보나 지식을 전달하고 있다. 이러한 실상은 인터넷이나 전자매체의 등장 혹은 검색 기능의 부상과 함께 찾아온 정보나 지식의 전달방식이나 자료형태와 가장 근사한 것이라 하겠다.

그러니 이제는 우리가 만일 참신하고 독특한 주제나 화두를 고를 능력이 있다면 그것에 대한 지식과 정보를 전하는 에듀테인먼트를 만드는 것은 그리 어려운 일이 아닌 것이다. 아니 오히려 우리는 일상의 소품이나 상품처럼 아무리 소소해 보이는 주제 혹은 화두라도 대중의 재미나 지적 호기심을 끌만한 것이라면 접근 가능한 정보나 지식의 방대한 수집 가능성에 힘 입어 적극적으로 발굴하는 자세를 가져야 할 것이다. 사실 『믿지 못해 미스터리』의 화두인 미스터리를 인터넷 검색창에서 쳐보면 미스터리 동물, 미스터리 서클, 미스터리 고대문명, UFO, 심령, 미스터리 예언, 최면 등의 항목이 어느 검색 사이트에서나 공통적으로 떠오른다. 확연하게 앗 시리즈의 『믿지 못해 미스터리』의 항목과 거의 일치함을 알 수 있다. 또 인터넷상으로 검색된 항목마다 그 내용도 다채롭고 풍부해서 사실 이 내용만으로도 이 책에 필적하는 내용을 꾸밀 수 있다.

바야흐로 에듀테인먼트의 새로운 가능성이 활짝 열린 셈인데 이미 역사적, 사회적으로 확고하게 자리 잡은 학문영역을 벗어나서도 얼마든지 참신한 기획의 에듀테인먼트들이 생산될 수 있음을 보여준다 하겠다. 특히 각종 인터넷 사이트에서의 정보나 자료의 처리 혹은 제시 방식 등이 날로 향상되고 있어 이제까지 하나의 독립되고 확정된 항목 혹은 분야로 다루어지지 못했던 화두나 주제까지도, 설령 그것이 추상적 관념 형태라 할지라도 손쉽고 효과적으로 에듀테인먼트로서 꾸밀 수 있게 되었다.

특정한 주제나 화두에 대한 인터넷 검색방식의 많은 진전된 사례 중 한 일례를 들어보자. 야후에 들어가 태그를 치면 전체 태그 중 실시간 인기태그가 뜬다. 최근에 가장 빈번히 검색되는 태그를 나열한 것이라 대중들의 가장 주된 관심사를 확연히 알 수 있는 장점이 있는데, 전체 화면에 마우스로 클릭할 수 있는 수많은 노드들이 뜬다.

그 중 '진리'라는 특정한 노드를 클릭해보면

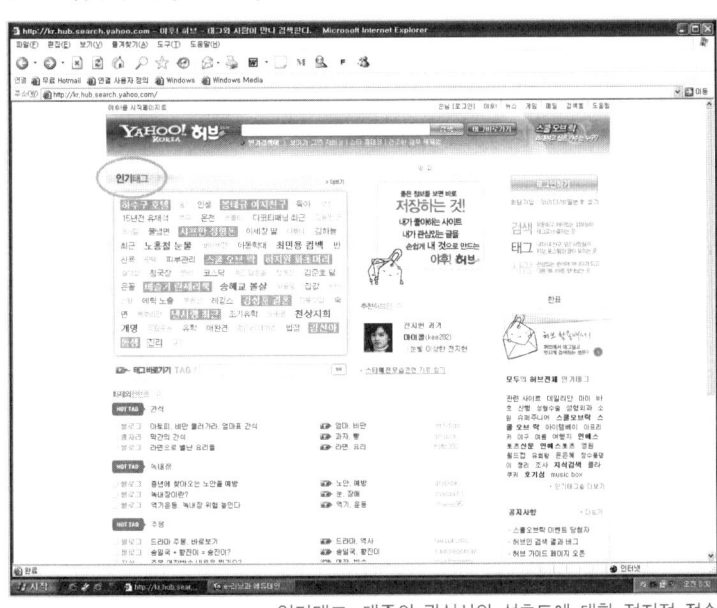

인기태그. 대중의 관심사와 선호도에 대한 전지적 접속

143

진리와 관련한 지식, 블로그 등이 떠서 많은 자료를 확인할 수 있으며 아울러 영원과 밀접히 관련된 이른바 '영원 관련 태그'들이 '하나님', '말씀', '우주', '소유' 등의 노드형태로 다시 정렬되어 나타난다.

결국 진리와 직접적으로 관련된 지식이나 정보와 함께 다시 관련 태그인 진리, 예술 등의 지식이나 정보들로 끝없이 확장해가며 섭렵할 수 있기 때문에, 우리가 만일 진리라는 화두 혹은 주제로 출판물과 같은 콘텐츠를 만든다면 거의 무한대라 불러도 좋을만한 이용 가능한 자료를 접하게 되는 것이다. 바야흐로 진전된 검색기능의 확산에 힘입어 방대하고 유용한 자료의 효과적인 수집이 가능함에 따라 에듀테인먼트의 기획은 새로운 장을 맞게 된 것이다. 이제 그간 관심을 둘 수 없었던 많은 화두나 주제를 우리의 지적 관심권 안에서 복원할 수 있는 길이 열린 셈이니 굳이 학문의 정

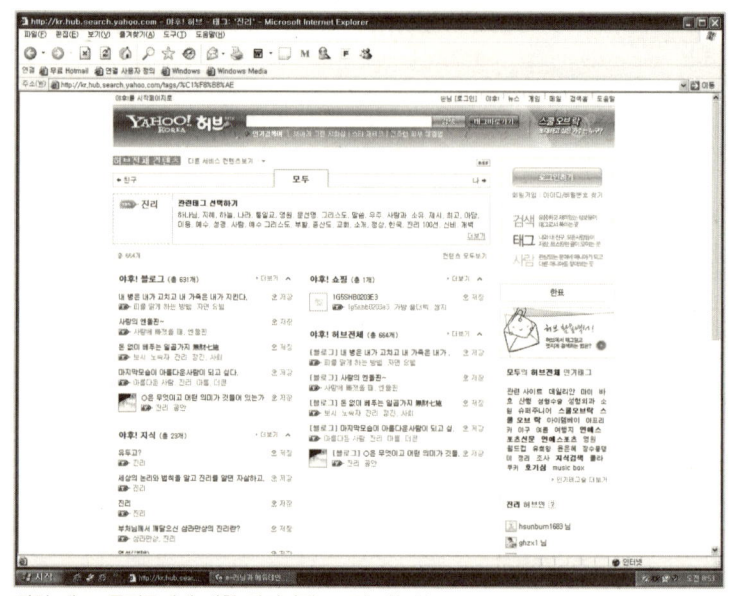

관련 태그, 특정주제에 대한 하이퍼텍스트적 가능성

144

형화된 틀이나 영역에만 머물지 말고 그 관심을 확장할 필요가 생긴 것이다. 이런 작업 혹은 기획에 대한 관심을 촉구한다.

❺ 옴니버스 스타일과 스토리텔링 방식–『아찔아찔 아서왕 전설』

영국의 전설적인 왕 아서에 대한 이야기는 5세기 경부터 그 싹을 보이며 회자되기 시작하여 많은 변개를 겪다가 1136년 몬모스 제프리에 의해 영국왕의 역사와 멀린의 생애라는 두 권의 책으로 완결되었으며, 15세기에는 토머스 멀로리에 의해 현재 우리에게 가장 잘 알려진 이야기인 '아서의 죽음'이라는 제목의 책으로 발간된다. 그 후 수백 년 동안 별다른 관심을

끌지 못하다가 19세기가 되면서 시인과 작곡가들이 관심을 기울이기 시작하여, 그 후 아서왕에 대한 글들이 끊임없이 발표되었다. 소설, 연극, 영화, 오페라, 텔레비전 연속극 등에 아서와 원탁의 기사가 등장하고 있으며, 아서왕의 전설도 수많은 책을 통해 반복되고 있다. 극적인 사랑과 전쟁의 파노라마가 대중들의 지속적인 인기를 끌고 있다는 사실을 말해 준다.

앗 시리즈 중 『아찔아찔 아서왕 전설』은 바로 그 전설적인 왕 아서에 대한 이야기를 담고 있는데, 에듀테인먼트와 관련된 중요한 한 가지 사실을 시사한다. 크게 보면 옴니버스 스타일의 스토리텔링에서, 좁혀 보면 역사상 중요한 인

아찔아찔 아서왕 전설

물의 일대기를 다루는 스토리텔링에서 중요한 점은 무엇인지를 말해주고 있다. 이 책은 아서왕에 관한 전설을 '전설 1 : 바위에 박힌 칼'에서부터 '전설 10 : 내란과 아서왕의 죽음'에 이르기까지 총 10항목의 이야기를 통해 전달하고 있다. 왕으로의 등극에서부터 죽음에 이르기까지의 일들을 담고 있으니 얼핏 보면 한 인물의 생애를 시간의 흐름에 따라 순차적으로 기술한 통상적인 영웅의 일대기처럼 보이지만 아서에 관한 10항목의 이야기는 긴밀한 인과관계로 묶여진 것이 아니라 아서왕에 관한 이야기 중 극적인 흥미를 끌만한 재미있는 에피소드 열 가지를 병렬식으로 나열한 방식이다.

신비의 칼 엑스칼리버, 가웨인 경과 초록기사단, 랜슬롯 경의 여자, 성배 추적단 등처럼 사랑과 모험 그리고 전쟁처럼 아서왕과 직간접적으로 연결된 10가지의 극적 사건들을 독립된 한편한편의 이야기로 분절하여 흥미롭게 기술하고 있다. 그래서 엄격히 말하면 아서왕에 관한 옴니버스 스타일의 스토리텔링이라 하겠다.

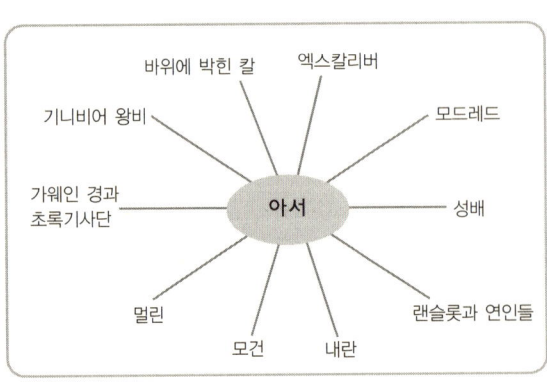

아서왕에 관한 이야기라는 점에서는 관련성이 있지만 그 이야기들 간에는 분절성이 있어 자칫 산만한 느낌을 줄 수도 있고 또 각 이야기마다 때로는 사랑의 간절한 정서를 전해야 하고 때로는 분노의 격정을 표해야 하며 때로는 역사적 사실을 객관적으로 전해야 하는 부분이 있는 등 전하

려는 내용과 상응된 효과적인 스토리텔링 방식에도 차이가 있어 자연히 필자는 효과적인 스토리텔링 방식에 고민할 수밖에 없었을 것이다. 특히 앗 시리즈가 지식과 정보를 재미있게, 즉 효과적으로 전달하는 데에 가장 큰 목적이 있는 점을 감안하면 그 고민은 더욱 절실했을 것이다.

여기에서 필자가 택한 해결책은 각 절마다, 즉 각각 상이한 내용마다 그것을 전달하는 스토리텔링 방식을 달리한다는 설정이었다. 그렇게 함으로써 지식이나 정보를 효과적으로 전달하고 다채로운 변화가 주는 지속적인 흥미의 유지도 꾀하였다. 그 각각의 상이한 스토리텔링 방식이 주는 의미를 파악하기 전에 필자가 각 절마다 달리한 스토리텔링 방식부터 확인해 보면 다음과 같다.

전설 1 : 바위에 박힌 칼 → 신문기사 형식
전설 2 : 엑스칼리버 → 만화
전설 3 : 아서왕과 기니비어 왕비 → 잡지기사 형식
전설 4 : 가웨인 경과 초록기사 → 일기 형식
전설 5 : 멀린의 행방불명 → 드라마 대본 형식
전설 6 : 심술쟁이 모건과 아서왕의 대결 → 편지 형식
전설 7 : 랜슬롯 경의 여자 → 잡지 인터뷰 형식
전설 8 : 성배를 찾아서 → 모험담 형식
전설 9 : 랜슬롯의 또 다른 여인 → 중계방송 형식
전설 10 : 내란과 아서왕의 죽음 → 신문연재기사 형식

　　살펴 본 것처럼 10개의 절은 각각 스토리텔링 방식이 모두 다른데 각 절마다 선택된 스토리텔링 방식은 각 절의 내용과 적절한 상응관계를 보여주고 있다. 선택된 10가지의 스토리텔링 방식은 신문, 방송, 드라마, 잡지 등 대중매체의 스토리텔링 방식이거나 일기나 편지처럼 일상의 사적 스토리텔링 방식이어서 친숙하고 편안한 느낌을 주도록 배려하고 있으며, 각 절마다의 변화를 통한 선명한 대조로 동일한 스토리텔링 방식에서 오는 지루함을 없애고 리듬감과 속도감을 느끼게 하고 있다. 그러나 무엇보다도 중요한 점은 필자가 각 절마다 전달하려는 이야기의 내용과 가장 잘 부합하는 그래서 이야기를 가장 효과적이고 재미있게 전달하려는 의도를 잘 성취하고 있다는 점이다. 이야기의 내용과 스토리텔링 방식의 적절한 상응성을 밝혀 보면 다음과 같다.

절	내　용	스토리텔링 방식	선택 배경
전설 1 바위에 박힌 칼	모진 시험을 거쳐 왕위에 오르는 아서왕	신문기사 형식	• 전설적 무용담을 객관적 사실처럼 전할 필요 • 신문의 속보 형식이 주는 긴박감 조성 • 신문 특종 형식이 주는 충격성 조성
전설 2 엑스칼리버	신비한 칼 엑스칼리버를 호수의 여신으로부터 전해 받음	만화	• 신비한 운명과 숙명에 관한 전설의 자연스러운 전달을 위해 만화의 환상성, 과장성 이용
전설 3 아서왕과 기니비어 왕비	아서왕의 청혼과 기니비어 왕비의 연정의 비밀	잡지 기사형식	• 기니비어 왕비의 숨겨진 연정에 관한 번민과 당대인들이 보였을 상반된 반응을 잡지의 상담 코너 기사양식의 고백-상담 형식을 빌어 자연스럽게 토로
전설 4 가웨인 경과 초록 기사	가웨인 경과 초록 기사의 생명을 담보로 한 내기	일기 형식	• 가웨인 경이 초록 기사의 무모한 제안-도끼로 상대를 한 번씩 내리쳐 죽이는 게임-을 받아들인 후 겪게 되는 공포감과 자책을 처절하게 토로하는 데 가장 적합한 일기의 사적 토로의 양식을 채택

전설 5 멀린의 행방불명	제사장 멀린의 실종과 호수의 여인 니무에와의 염문	드라마 대본 형식	• 제사장 멀린의 실종을 둘러싼 전설 속의 의문을 파헤치기 위해 인기 TV 드라마인 X 파일의 수사와 미스터리 형식을 도입
전설 6 심술쟁이 모건과 아서왕의 대결	아서를 죽이려는 마법사 모건의 연속된 음모와 좌절	편지 형식	• 모건의 아서에 대한 뿌리 깊은 증오심을 적극적으로 토로하고 살인의 음모를 모의하는 음흉함을 극적으로 드러내고자 편지의 토로와 고백형식을 도입
전설 7 랜슬롯 경의 여자	랜슬롯과 공주인 일레인의 사랑, 그리고 그녀의 기구한 가정사	잡지 인터뷰 형식	• 일레인 공주의 기구한 가정사와 랜슬롯 경과의 이루지 못할 사랑 그리고 아들의 출생의 비밀을 고백하고 폭로하는 내용이 대중잡지의 독점 인터뷰 형식이 갖는 강점과 상응
전설 8 성배를 찾아서	가웨인, 랜슬롯, 보르스, 퍼시벌, 갈라하드 기사의 성배 찾기	모험담 형식	• 성배 찾기라는 기사들의 여정을 영웅의 모험담 양식을 통해 그림.
전설 9 랜슬롯의 또 다른 여인	랜슬롯과 공주 일레인의 이루어질 수 없는 사랑	중계방송 형식	• 랜슬롯의 묘연한 행방과 일레인과의 비극적 사랑을 극적으로 그리고자 스포츠 중계의 긴박감과 뉴스속보의 현장성을 활용
전설 10 내란과 아서왕의 죽음	원탁의 기사단 사이의 내분과 모드레드의 반란 그리고 아서왕과 로그레스 왕국의 최후	신문연재기사 형식	• 아서왕의 최후까지 긴박하게 벌어졌던 기사단의 내분과 모드레느의 반란을 둘러싼 전쟁을 현장성이 주는 박진감을 살려 전달하고 관련된 모든 사실들을 세밀하고 집중적으로 그리기 위해 집중 취재 연재기사 형식을 빌려 전달함.

　살펴 본 것처럼 『아찔아찔 아서왕 전설』은 아서왕과 관련된 흥미로운 이야기 10가지를 택하여 그 각각의 이야기를 가장 효율적으로 전달하기 위해 서로 다른 스토리텔링 방식을 취하여 전달하고 있다. 비록 아서왕의 등극에서 죽음에 이르기까지의 사건들을 가능한 한 시간적 순서에 맞게 배열한 사실도 엿보이지만 전형적인 한 영웅의 일대기 형태가 아니라 아서왕과 관련된 흥미로운 사건들을 때로는 랜슬롯 경의 애정사에 관한 이야기처럼 직접적 연관성이 적다 할지라도 함께 묶어 놓은, 그래서 각 장 간에는 인과관계나 선후관계가 뚜렷하지 않은

경우가 대부분인 형태의 옴니버스 형태라 할 수 있다.

그래서 이 책은 하나의 주제나 화두 아래 묶일 수 있는 다양한 이야기를 모은 옴니버스 형태의 콘텐츠나 한 인물의 생애를 중심으로 이야기의 외연의 폭을 확대하여 간접적인 연관성이 있는 사건까지도 집중적으로 조명하여 입체적인 역사기술 혹은 전기를 서술하는 데 있어 독자들의 흥미를 끌면서도 이야기의 의미나 정서를 세심하고 효율적으로 전달하는 데 다양한 스토리텔링 방식의 도입이 얼마나 중요한 것인지를 확인시켜 주고 있다.

아울러 그것은 우리가 스토리텔링 방식의 선택에 있어 전통적인 기술법과 함께 현재 대중 특히 에듀테인먼트의 주 수용층인 유년이나 청소년들이 선호하는 대중 매체의 스토리텔링 방식에 열린 자세를 보여야 한다는 점도 보여주고 있는 셈이다. 그리고 이에 더해 이제까지 상대적으로 일상적이고 사적이어서 깊이 있는 사고력이나 정서를 반영하는 데 미흡하다고 여겨진 일기나 편지 등의 양식도 에듀테인먼트 세계에서는 가장 효율적인 스토리텔링 방식으로 거듭날 수 있음을 보여주고 있다(강현구, 2006).

❻ 욕망과 대중매체 영상의 활용-『혁명이 후끈후끈』

'앗 시리즈'의 '앗 이렇게 생생한 역사·고전이' 영역 중『혁명이 후끈후끈』편은 특이한 역사서술을 보여준다. 차례만 보면 '고대 → 로마 → 중세 → 16세기 → 17세기 → 프랑스 혁명 → 19세기 → 20세기'로 짜여져 있어 시간적 흐름에 따른 평상적 역사서술처럼 보이지만, 내용상으로 모든 것이 혁명과 반란에만 초점을 맞춰 기술되어 있고, 또한 그 혁명과 반란의 역사 속에 인간의 광기어린 폭력성을 드러낼 역사적 사건과 흥미 있는 일화에만 전적인 관심을 보이고 있어

색다른 특색을 갖는다.

이 책의 서문에 나와 있듯이 책의 집필 방향은 혁명과 반란(이 책에서 혁명은 '지배를 받던 사람들이 지배자를 쓰러뜨리는 것'으로, 반란은 '대놓고 정통권력에 맞서는 것인데 보통은 실패로 끝나는 것'으로 규정된다)의 역사에 철저히 초점을 맞추고, 거기에 얽힌 잔혹한 사실들을 철저히 드러낸다는 자세―"물론 대부분의 역사 교과서는 무엇이 잘못돼서 반란이 실패했는지 말해 주지 않는다. 어른들은 여러분이 반란자들의 실수에서 교훈을 배우기를 바라지 않으니까! 그러나 이 책은 '앗, 이렇게 생생한 역사가!' 시리즈 아닌가! 이 책에서 여러분은 혁명의 진실과 속임수 그리고 실패의 운명을 배우게 될 것이다."―로 설정하고 있다.

바로 이런 집필 방향 때문에 나타나는 이 책의 특색은 인간의 가장 근원적 욕망에 대한 철저한 탐구로 이어진다는 점이다. 주지하듯이 인간의 가장 근원적인 욕망인 폭력과 성은 인간의 원초적 본능이 갖는 강렬한 생명력과 삶의 질서에 대한 웅혼한 영향력 때문에 비교할 수 없는 정서적 자극과 흥분을 가져온다. 특히 폭력에 대한 탐구는 우리의 생명과 육체에 대한 공포를 환기시키며 강렬한 자극을 끊임없이 가져오기 마련인데, 그 점에서 전편이 혁명과 반란에 관련하여 인간의 전 역사에 걸친 폭력에 대한 탐구로 이어진 이 책은 특별히 어떤 기술적 장치 없이도 극적인 긴장감을 지속적으로 생성하고 있다. 독자의 몰입에 관한 한 타의 추종을 불허한다 하겠으니, 에듀테인먼트의 기획에 있어 화두나 주제가 인간의 가장 근원적 욕망이나 본능에 닿아 있는 경우 그것이 가져 올 태생적인 효과를 감안하면 이 책의 기획은 새삼 눈여겨 들여다 볼 대목이라 하겠다.

이 책에서는 지배자와 피지배자 사이의 격렬한 쟁투가 벌어지는 역사적 장면마다 그 사건

혁명이 후끈후끈

을 통해 혁명과 반란의 정치·경제·사회적 조건이나 의미 등도 탐구하지만 그보다는 잔혹한 살육전의 실상과 그에 깔린 인간의 폭력성, 광기 등의 육체적, 심리적 해부도를 그리는 데 공을 들인다. 특히 처절한 격변의 역사를 그리면서도 그 시선은 많은 경우 일상적이고 미세한 부분까지 들추어내는 미시적 접근을 취하고 있어 생생한 재현이 주는 재미를 더하고 있다. 그래서 독자에게 색다른 세계를 경험케 하고 있다 할 수 있는데 이것은 곧 이 책이 갖는 차별적인 강점이라 할 수 있겠고, 특히 무엇보다도 이 책의 주독자층의 하나인 청소년 독자층에게는 그간 엄숙주의적 교육관의 입장에서 철저히 배제됐던 모반의 역사에 대한 복원이라는 점에서 한층 낯선 충격을 가져온다 하겠다.

아울러 이 책이 갖는 강점의 또 다른 하나는 역사적 사실들 간의 유사성을 추출하여 하나의 항목으로 묶어내는, 즉 흥미 있는 화두를 만들어내는 필자의 남다른 솜씨이다. 필자는 인물이나 사실 혹은 사물들을 두고 벌어지는 역사적 사실들 중 독자의 흥미를 끌만한 충격적인 화제 거리를 찾아내 그것들을 하나로 묶어 제목을 붙여내는 데 각별한 노력을 기울이고 있다. 그 예를 들어보면 다음과 같다.

잔인한 여제	1. 집요한 권력욕으로 아들까지 왕위에서 쫓아내고 스스로 여제에 오른 측천무후의 권력욕과 통치술
	2. 아들인 콘스탄티누스를 장님으로 만들어 권좌에서 몰아낸 후 스스로 왕위에 오른 비잔틴 제국의 이레네 여왕

불쌍한 양치기들	1. 미치광이 수사 자코브의 요언에 현혹되어 십자군 원정에 내몰린 프랑스 농민들
	2. 식량난으로 폭동에 나선 프랑스 농민들이 집단적 광기를 보이며 학살 행위에 나서다 결국은 군대의 공격으로 비참한 최후를 마침.

폭소를 자아내는 전투장면

1. 전우를 조심하라 – 남북전쟁의 첫 희생자는 예포를 잘못 쏜 동료 때문에 죽은 북군 병사
2. 총보다 무서운 질병 – 남북전쟁 중 총으로 죽은 병사보다 질병으로 죽은 병사가 많음.
3. 이들의 경주 – 전투 중의 무료함을 달래기 위해 몸에 있는 이를 경주시킴.
4. 말을 듣지 않는 발 – 구두 때문에 낙오병이 되는 군사들
5. 푸대접 받는 흑인병사들 – 20만 명의 흑인병사들은 생명을 건 전과를 올리면서도 인종차별에 시달림.
6. 꾸물꾸물 건빵 – 벌레먹이가 된 건빵

코뮌에 관해 몰라도 되는 10가지 사실들

코뮌의 치안대장 리고의 참혹한 시신, 코뮌의 코미디 같은 총살형 집행대, 건물에 불을 지른 코뮌을 잡기 위해 손이 검은 자를 처형하지만 정작 그는 굴뚝 청소부, 정부군 지휘관의 잔혹한 사살명령(흰머리 남자와 시계 찬 남자는 무조건 처형할 것) 등

처절한 구호들 - 혁명가와 반란군의 구호

1. 노예가 되느니 죽음을 - 서기 73년 마사다 요새를 지키던 유대인의 구호
2. 악담이 밭 갈고 이브가 베 짤 때, 귀족은 어디에 있었는가 - 1381년 와트 타일러의 난 때 내건 구호
3. 대표없이 과세없다 - 18세기 미국 혁명
4. 자유, 평등, 박해 - 18세기 프랑스 혁명
5. 불과 피 - 20세기 남아메리카 혁명, 체 게바라
6. 못 간다 - 1937년 에스파냐 내전 때 공화파 반군의 구호
7. 모자들에게 죽음을 - 1378년 플랑드르 노동자들의 구호
8. 만국의 노동자여 단결하라. 그들이 잃을 것은 사슬뿐이다 - 1848년 혁명가인 카를 마르크스와 프리드리히 엥겔스가 쓴 말

혁명가요

1. 프랑스혁명가
2. 채찍질단의 노래
3. 성조기여 영원하라
4. 이탈리아 혁명군 노래

마지막으로 이 책이 갖는 또 다른 특징은 인기 있는 대중매체의 스토리텔링 방식을 수용한 점인데, 그것은 영화나 드라마의 화면을 필름 혹은 화면 형태 그대로 전사하여 전하는 방식이다. 영화나 드라마를 스크린이나 TV 화면을 통해 보는 듯한 재미를 느끼게 하는 이 방식은 출판물의 한계 속에서도 영상을 상상케 하는 재미를 동원하려 한 노력으로 보인다. 그 구체적 예는 다음과 같다.

스파르타쿠스는 싸움을 아주 잘 했다. 그래서 나폴리 근처의 검투사 양성소로 발탁되어 교사가 되었다. 그러나 그는 여전히 노예였다.

난 불독 같은 불가리아 인 이야! 나 똑똑하지?

뾰족한 쪽

뭉툭한 쪽

그러나 스파르타쿠스는 고향에 돌아가고 싶었다. 그는 제자들을 부엌 칼로 무장시키고 반란을 이끌었다. 그들은 로마 경비병들을 제압하고 무기를 빼앗아 달아났다. 그리고 베수비우스 화산의 분화구에 진지를 쳤다!

나 성질이 불같은 불가리아 인이야. 부글부글!

그들을 잡으러 왔던 로마 군대는 박살나고 말았다. 반란 노예들은 광대한 지역을 장악했다. 그리고 스파르타쿠스가 고향으로 돌아갈 시간이 왔다.

불가리아 형제들을 만나러 갈 거야, 안녕!

고향

불행하게도, 다른 노예들은 고향에 가고 싶어하지 않았다. 그들은 스파르타쿠스를 돌아오게 하여 로마를 공격했다.

불가리아 인도 불가능 한 게 있네. 불쾌해!

로마

러분도 관심이 있다면, 스파르타쿠스의 이야기를 영화로 만들어 보도록. 준비물은 스탠리 쿠브릭 감독이 준비했던 정도면 된다.

● 제작비 1억 2,000만 달러(1960년도 비용이니까, 지금은 약 10억 달러, 즉 1조 2,000억 원쯤 된다.)
● 배우 1만 명(전투 장면에 필요하다. 에스파냐 정부가 지원해 준 군인 8,000명이 큰 도움이 됐다.)
● 3시간 16분 분량의 필름(약간 긴 편. 관객들이 보다가 잠들 수도 있겠지만, 어쨌든 이건 서사시, 즉 아주 길고 지루한 이야기니까.)

아니면, 비디오 카메라를 빌려 《앗, 이렇게 생생한 역사가!》에 맞게 새로 만든다. 쓸데없는 낭만적 장면들은 모두 잘라 버리고, 스파르타쿠스에 관한 진실만을 보여 주면 된다. 이렇게……

스파르타쿠스는 오늘날의 불가리아 지역인 트라키아 출신이었다.

그래, 나는 불굴의 불가리아 인이지. 힘도 불끈불끈!

그는 로마 군대에 들어갔다가 도망쳐 나와 무법자가 되었다. 그 후, 붙잡혀서 검투사가 되라는 선고를 받았다. 그는 로마의 원형 극장에서 싸우다 죽어야 하는 팔자가 되었다.

어쩔 수 없이 싸워야 하는 불쌍한 불가리아 인이다. 덤벼!

(3) 에듀테인먼트의 서사전략 3 - '살아남기 시리즈'를 중심으로

✓ 악동가족의 재미와 기능을 주목하라

- 알라존이 주는 웃음
- 수평적 구조에서의 지식전수의 힘
- 명랑만화의 좌충우돌식 해프닝

✓ 생존기 양식을 창의적으로 활용하라

- 생존의 한계상황을 추출하는 능력
- 변신이 가져온 새로운 시각

❶ 살아남기 시리즈의 성공

아동도서 출판사 아이세움은 1년에 100여 권 정도의 학습만화, 동화책, 그림책을 꾸준히 출간하고 있는데 그 중 2001년에 1권『무인도에서 살아남기』로 시작된 이른바 살아남기 시리즈가 이제는 가장 대표적인 출판물이 되었다. 3권『사막에서 살아남기』에서부터 판매량이 급증하여 2006년 4월 집계로 대략 500만 권을 돌파하였다.

유통시장이 할인점 판매가 40~50%에 이를 정도로 서점판매 일변도에서 벗어나 다양화된 점, 한 권을 대략 15~20여 개의 소단원으로 나누어 짧은 호흡의 독서에 익숙한 신세대 혹은 유년의 기호에 맞춘 점, 사회적 경쟁체제의 강화나 불안한 시대의식의 반영에 따른 이른바 서바이벌 풍조의 강세에 부응했다는 점, 그리고 영상세대의 기호에 맞추어 역동적인 그림체의 도입, 실력이 검증된 만화작가들의 참여, 학습만화 열풍(전체 만화시장 규모 7,500억 원 중 학습만화 비중이 35~40%인 3,000억 원 시장규모, 2003년 기준), 만화 등 대중매체에 좀 더 개방적인 이른바 386세대가 학부형이 되기 시작한 시대적 분위기 등 살아남기 시리즈의 성공에는 이미 외형적으로도 분명하게 확인할 수 있는 성공요인이 많다.

특히 서바이벌 만화 과학상식 시리즈는 현재 200만 부가 넘게 판매된 국내에서의 높은 인기를 바탕으로 해외 저작권

학습만화의 성공요인

우리나라에서 유독 초강세를 보이는 학습만화의 성공요인에 대해 많은 지적이 있지만 그 중 차효라의 설명이 주목할 만한 데 요약하면 다음과 같다(차효라, 2004).

• 매일 많은 물량이 쏟아져 나오는 학습만화 시장에서는 최소한 2~3달에 한 권씩은 후속권이 나와 주어야 독자들에게도, 서점에게도 잊혀지지 않는다. 일정 수준 이상의 작화의 질을 유지하면서도 2달에 한 권씩 책을 내기 위해서는 첫 권이 선보이기 전에 3~4권 정도의 원고가 있어야 한다. 따라서 자본력이 있어야 하고, 철저한 시장조사 및 분석 능력이 요구된다.

• 과도한 정보의 노출은 재미를 떨어뜨리며 학습효과도 반감된다. 스토리 구성이 흥미진진하면 학습은 자연스럽게 따라오며, 학습만화에 대한 수요는 에듀케이션보다는 엄연히 엔터테인먼트 쪽에 기댄다.

• 흔히 어른들은 파스텔톤 색채나 둥글고 작은 인형같은 캐릭터를 아이들이 선호한다고 생각한다. 하지만 학습만화의 캐릭터와 색채에 대한 아이들의 생각은 이와 달라, 강렬하고 대비가 확실한 색채를 선호하고, 캐릭터도 순정만화 같은 12등신을 찾는다.

수출에서도 성공을 거두고 있다. 현재 1차 시리즈 4권은 대만의 삼채문화와 중국의 21세기 출판사에 저작권 수출이 되어 각각 현지에서 출시가 되었고, 2차 시리즈 1~3권 역시 저작권 수출이 되어 곧 출시될 예정이다. 또한 1차 시리즈는 서점용으로 개발된 아동만화로서는 국내최초로 애니메이션으로 제작되었다.

❷ 악동가족의 의미

<심슨 가족>과 <아기공룡 둘리>는 미국과 한국에서 가장 인기를 끈 애니메이션 중의 하나이다. <심슨 가족>은 1989년 12월 첫 방송 이래 미국 사회를 재치 있고 익살스럽게 그려내면서 16년이 넘게 미국 TV 사상 최장기간 방송기록을 세웠다. 매주 일요일 저녁 프라임타임 대에 폭스 TV를 통해 <심슨 가족>을 보는 미국 시청자만도 1000만 명에 이르는 것으로 추정되며, 전 세계 60개국에서 방송되었다. 브랜드 가치로는 1조 원이나 되는 것으로 알려졌다.

<심슨 가족>은 극심한 상업주의의 횡행, 동성애문제, 환경문제 등 미국 사회 내의 크고 작은 사회적 이슈들을 모두 망라하며 다루고 있는데, 그것들에 대한 날카로운 비판과 진솔한 반성이 보인다. 그런데 <심슨 가족>이 보여주는 재미있는 특색은 심슨 가족의 특이한 풍모와 성격에 있다. 미국 FOX <심슨 가족>은 여러모로 TV 만화영화에 대해 우리가 가지고 있는 일반적인 고정관념을 벗어나 있다. 그것은 우선 등장인물들의 생김새, 즉 아이콘에서부터 드러난다. 주인공 심슨 가족을 비롯해 이 만화영화에 등장하는 인물들은 도무지 예쁘다거나 귀여운 것과는 거리가 멀다.

왕방울 같은 눈과 뾰쪽한 머리모양, 툭 튀어나온 입 등을 보면 '어떻게 사람을 저렇게 표현

할까' 싶은 생각이 들 정도이다. 예쁜 공주와 잘 생긴 왕자의 유형을 벗어나지 않는 일본의 만화영화나 귀엽고 앙증맞은 디즈니식 만화영화에 익숙한 우리의 시각에서 보면 심슨 가족의 아이콘은 차라리 위악적이다. 이는 이들의 성격에서도 드러난다. 심슨 가족은 흔히 보는 만화영화의 주인공들처럼 무작정 선하거나 무작정 악하지 않다. 이들은 때로 매우 이기적인 심성을 드러내기도 하며 어처구니없는 실수를 저지르기도 한다(엽기 가장 호머 심슨과 말썽꾸러기 아들 바트가 대표적이다). 그래서 이들

심슨 가족

가족 자신은 물론이고 이들이 사는 스프링필드에는 늘 크고 작은 말썽이 끊이지 않는다(김창남, 2005).

또한 <아기공룡 둘리>는 빙하에서 깨어난 아기공룡이 한 가정으로 들어와 다양한 친구들과 함께 지내면서 겪는 이야기를 그려낸 어린이 만화인데 한국의 대표적인 만화로 성장했다. 원작은 김수정이 만화잡지 보물섬에 1983년 4월부터 10년간 연재했다. KBS에서 장편 애니메이션화 되었으며, 투니버스에서 영어 교육용 비디오를 출시했고, 극장판도 나왔다. 우연히 고길동의 집에 모여 살며 일가를 이루는 둘리, 고길동, 희동이, 도우너, 또치 등이 중심인물인데, 이들은 둥글둥글한 캐릭터 라인과 독특한 개성으로 인기를 끌었다.

159

아기공룡 둘리

그런데 이들 등장인물 역시 <심슨 가족>에서처럼 심술궂거나 말썽을 부리고 때로는 위악적이기도 하다. 둘리는 늘 혀를 반 쯤 빼물고 어리숙하고 바보스럽게 보이지만 장난꾸러에다 반항아적 기질을 보이기도 하며 가끔 고길동에게 건방질 정도의 분방한 행동을 보인다. 얼떨결에 둘리, 희동, 도우너, 또치를 떠안게 된 고길동은 어떻게 해서든지 이들을 쫓아낼 계략을 꾸미지만 번번이 그들에게 당한다. 깔끔을 떨지만 까탈맞고 때로 사납게 굴기도 한다. 또치는 성격이 얌체라 가끔 도우너와 다투기도 하며 어려운 일이나 길동이 아저씨에게 혼날 일이 생기면 잔머리를 쓰다가 더욱 모질게 당하는 경향이 있다. 희동이는 늘 젖꼭지를 물고 다니지만 고집이 세고 겁이 없으며 기운이 천하무적이다. 이처럼 아기공룡 둘리의 일가 역시 말썽꾸러기이거나 까다롭고 천방지축이며 이기적이기도 하는 등 위악적인 모습이 역력하다.

결국 두 인기 애니메이션에서 볼 수 있듯이 이른바 '악동가족'이라 불릴 만한 가족구성원들은 이기적이고 욕심이 많으며, 까탈을 부리거나 말썽을 일으킨다. 또 늘 잔머리를 굴리며 사소한 잇속에 집착하거나 남을 골탕 먹이는 데 재미를 붙인다. 하지만 그러면서도 상대가 결정적인 위기에 처하면 동정심을 발휘하며 사악하거나 영악하지 못해 결국 당하는 입장이 될 때는 동정어린 시선을 받기도 한다. 이처럼 이른바 악동가족 구성원은 알라존 같은 인물들의 수모나 좌충우돌식의 돌발적 행동 때문에 재미를 불러일으키고 인간적 약점을 너무나

적나라하게 갖춘 채 살아가는 우리의 모습을 쏙 빼닮은 점 때문에 공감어린 주목을 끈다.

우리가 검토하는 살아남기 시리즈 중 『남극에서 살아남기』도 그런 악동가족을 등장시켜 소기의 성과를 거두고 있다. 즉 남극으로 여행을 가게 된 모모 일가의 모험을 다루고 있다. 그런데 여기에서 인물들의 면면을 보면 우선 모모는 터무니없는 자만심으로 자화자찬이 심하며 끝 간 데 없는 식탐을 보인다. 또 엉뚱한 발상으로 일행을 낭패하게 하기도 한다. 모모의 아버지는 가끔 철이 없어 아들과 먹을 것을 두고 다툼을 벌이며, 군대 문제와 관련해 허풍을 떤다. 모모의 고모는 군대 문제로 허풍을 떠는 오빠의 약점을 잡아 교묘하게 자신의 이익을 채우는데, 때로는 야비한 모습까지 보인다. 물론 그러면서도 그들은 가족에 대한 사랑이 있고, 그들의 허풍 뒤에 따라오는 망신이나 피해 때문에 역시 동정어린 시선을 받게 된다.

남극에서 살아남기

이러한 악동형 가족은 두 가지 점에서 의미를 갖는다. 하나는 그들의 허풍이나 탐욕이 불러일으키는 다소간 모자란 인물에 대한 우월적 감정에서의 웃음이 이야기에 재미를 가져온다는 점이다. 그들의 망신이나 좌충우돌식의 해프닝에 웃음을 터뜨리고 때로는 우리들의 인간적 결점을 떠올리며 공감어린 시선을 갖게 된다. 한마디로 독자들의 몰입을 이끄는 것이다.

다음으로는 남극에 대한 지식―빙하, 오로라, 화이트 아웃 등―을 전하는 데 있어서 한 명의 뛰어난 지혜를 갖춘 인물이 우월한 지식전수자의 입장에서 엄숙하고 경직된 분위기로 전하는 게 아니라 그들 모두의 인간적 결점에 기인한 수평적 구도 속에서 자유롭게 지식을 주고받는다는 점에 의미가 있다. 특히 온갖 과학적 상식이나 지식을 전하는 데 있어 주도적 역할을 하는 아버지가 지나친 식탐 끝에 아들과 먹을 것을 두고 사생결단식으로 다투거나 거친 군대 경험을 거짓으로 내세우며 허풍을 떠는 모습은 독자가 흥겹고 친근하게 지식을 받아들일 수 있는 분위기와 토양을 만들고 있다. 특히 이 시리즈의 주 독자층이라 할 수 있는 유년에서 청소년까지의 계층은 위압적이고 완벽한 형상으로 자신을 주눅 들게 하는 현실의 가장이 아니라 친근하고 인간적 결점을 가진, 그래서 때로는 오히려 동정이 가는 동료 같은 가장에게 소중한 경험이나 지식을 전해 받는다는 안온한 느낌을 갖게 된다.

❸ 생존기의 독창적 활용

살아남기 시리즈는 문자 그대로 생존기라는 특성을 잘 살리면서도 그 점을 십분 활용해 지식의 흥미로운 전달에 성공하고 있다. 생존 자체가 중요한 화두가 된 치열한 경쟁사회의 흐름을 반영한 이른바 서바이벌이란 이름의 많은 문화콘텐츠들이 보여주듯 이제 생존기는 현대인들의 중요한 트렌드가 되었다. 살아남기 시리즈가 성공한 이유 중의 하나도 이런 흐름을 잘 포착한 것에서 연유한다 하겠는데, 많은 서바이벌류의 콘텐츠 중에서도 살아남기 시리즈는 생존기를 다루는 데 있어서 각별한 솜씨를 보이고 있다.

그 첫 경우는 이 시리즈가 생존기의 특색인 극한의 위험을 설정하는 데 있어서 각 권이 다루고자 하는 분야의 지식과 매우 잘 어우러지도록 했다는 점이다. 예를 들어 남극에서 살아남기를 보면 남극에 관한 기후, 동물, 자원 등을 다루면서 인간의 극한 한계를 시험할 만한 위기상황들을 예민하게 잡아내고 또 그것을 남극에 대한 중요한 정보나 지식으로 잘 활용하고 있다. 또한 소제목에서도 알 수 있듯이 이 책에 그려진 남극의 위험요소, 즉 인간의 생존의 한계를 실험할 만한 위기상황이란 블리자드, 화이트 아웃, 빙산, 크레바스 등일 터인데 이 모두는 이 책에서 중요한 화두로 잘 다루어지고 있다.

즉 남극의 빙원의 가장자리에서 강하게 부는 바람과 함께 나타나는 폭풍설인 블리자드는 초속 14m만 넘어도 제대로 걸을 수 없고 초속 40m가 넘으면 어른들도 날려 보내는 위력을 보이는데 시야를 가리고 체온을 떨어뜨리는 등 죽음을 부르며, 화이트 아웃은 날씨가 흐린 날에 구름층을 통과한 빛이 눈과 구름 사이에서 사방팔방으로 흩어지는 난반사를 되풀이하기 때문에 물체의 그림자를 없애고 사물을 알아보기 어렵게 만들어 지면의 높낮이와 거리에 대한 감각을 잃게 해서 행동에 지장을 준다. 상하좌우가 구별이 안 되기 때문에 극히 위험한데다가 환상방황에 빠질 수도 있는 위협적인 것이다.

이처럼 이 책의 대부분의 소단원들이 사람들을 착각에 빠뜨리거나 혼란에 싸이게 하고 살벌한 위력으로 생명을 앗아가는 공포스러운 것들이라 두려움과 긴장을 일으키고 생존에 대한 강렬한 욕구를 불러내어 생존기로서의 효과를 크게 하고 있으며, 또 그 모든 위협적 상황은 그대로 남극이 가진 특이한 기후나 자연에 해당되어 새롭고 특이한 지식의 습득에 부응한다. 그래서 흥미롭고도 특별한 지식을 얻었다는 느낌이나 인식을 주는 것이다.

이 시리즈가 생존기로서의 특색을 잘 살린 두 번째 경우는 등장인물들의 변신을 통한 새로운 세계의 창출을 통해 이루어진다. 이 시리즈 중 『곤충세계에서 살아남기』 1, 2편이 그 예인

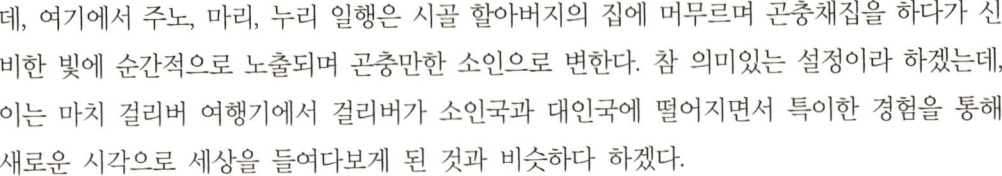

데, 여기에서 주노, 마리, 누리 일행은 시골 할아버지의 집에 머무르며 곤충채집을 하다가 신비한 빛에 순간적으로 노출되며 곤충만한 소인으로 변한다. 참 의미있는 설정이라 하겠는데, 이는 마치 걸리버 여행기에서 걸리버가 소인국과 대인국에 떨어지면서 특이한 경험을 통해 새로운 시각으로 세상을 들여다보게 된 것과 비슷하다 하겠다.

이들 일행은 곤충채집 도중 곤충만한 소인으로 변한 채 숲 속에 남겨진다. 그 과정에서 변신된 자신들의 모습을 두고 등장인물들이 과장된 호들갑을 떨게 하여 비현실성에 대한 의심을 누그러뜨리는 세심한 설정 등도 눈여겨 볼만하다. 이제 충격적이고 새로운 환경에 적응해야 하는 절박한 상황이 되었는데 이 사실은 두 가지 의미를 지닌다. 우선은 생존기로서의 공포감을 극대화시키는 효과를 가져온다. 이 책에서는 곤충세계에 대한 지식 중에서 독자들의 흥미를 끌만한 약육강식의 생생한 드라마를 보여주기 위해 주로 곤충계의 강자들을 등장 시키는데, 그 가공할 힘과 치열한 생존경쟁 현장을 보여주려면 역시 약자의 시선에서 그것들을 바라보는 것이 효과적일 것이다.

그래서 이 책에서는 등장인물들을 곤충만한 소인으로 둔갑시켜 사마귀나 여치, 사슴벌레, 말벌 등의 곤충계의 강자로부터 공격당하도록 한다. 더욱이 역동적이고 화려한 색상의 그림이 수반되어 약자의 시선에 비친 강자들의 공격이 섬뜩할 정도로 생생하게 보여지는데 바로 그 긴장 끝에 전달되는 곤충들의 세계에 대한 지식은 강렬한 인상으로 전해질 수밖에 없다.

아울러 이러한 설정은 문자 그대로 새로운 시각으로 세계를 들여다 볼 수 있는 독특한 경험을 제공한다. 우리가 결코 정상적인 사람의 눈높이에서는 경험할 수 없는 정서와 느낌 그리고 경험들을 생생하게 전해주는 것이다. 아무리 지식을 통해서 곤충세계를 잘 전달하려 해도 소인이 된 인물들이 겪는 박진감 넘치는 생생한 경험을 통해서 얻을 수 있는 느낌과 세세한 경험들은 논리적 설명만으로는 도저히 정확하게 전달할 수 없는 것이다. 어떤 경우에는 시각의 현격한 차이 때문에 아예 그 싹조차 전달할 수 없기도 한 것이다. 그 한 예를 길앞잡이의 공격에 노출된 주노, 마리, 누리가 겪는 생명을 건 치열한 사투장면에서 볼 수 있다. 즉 길앞잡이가 어떤 자세로 어떤 부위를 움직이며 가공할 위력을 발휘하는지, 약자들은 생존을 위해 어떤 방어자세를 갖게 되는지, 땅과 풀잎 위에서 대결하는 모습은 어떨지, 갑작스런 소나기가 오면 둘 사이의 다툼은 어떻게 바뀔지 등 등장인물의 소인으로의 변신이 없었다면 절대로 들여다 볼 수 없었던 사실들이 신선하고도 생생하게 그려지는 것이다.

아울러 생명에 대한 위협을 주는 공포스런 존재에 대한 기술이 아닐 경우에는 『남극에서 살아남기』에서 볼 수 있듯이 남극의 동물이나 자연을 설명하면서 그 전반적 특색이나 성격을 개괄적으로 설명하는 것이 아니라 가장 흥미로운 사실을 추출하여 그것을 집중적으로 설명하는 방식을 취한다. 한마디로 남극에 대한 개괄적 설명이야 다른 학습서에서도 두루 다루어지는 것이라 별반 특별한 지식이 될 수 없고 또 그로 인해 그러한 지식은 독자들의 흥미를 끌 수 없다는 분명한 입장의 반영인 셈이다. 지식의 습득에 흥미롭고 오락적인 재미가 수반되어야 한다는 에듀테인먼트의 입장에 철저히 충실한 셈인데, 에듀테인먼트로서의 학습만화는 일반 학습서와 그 존재 의미가 분명히 다르다는 입장의 확고한 표출이라 하겠다. 여기에서는 펭귄과 남극의 얼음에 대한 기술 부분을 인용하여 그러한 사실들을 확인하고자 한다.

황제펭귄의 극진한 새끼 사랑

황제펭귄은 몸 길이 110cm, 몸무게 30kg 정도로 세계에서 가장 큰 펭귄입니다. 남극 대륙에서 30개 정도의 집단 서식지가 발견되었는데, 이 가운데 두 집단을 빼고는 모두 얼음 위에서만 생활합니다. 황제펭귄은 여름철에 알을 낳는 다른 펭귄들과 달리, 남극의 한겨울인 5월~6월에 단 한 개의 알을 낳습니다. 황제펭귄이 겨울철을 번식 시기로 택하는 이유는 먹이 섭취가 쉬운 여름철에 새끼가 자립할 수 있도록 하기

새끼를 발등에 얹고 돌보는 황제펭귄.

위해서입니다. 암컷은 알을 낳은 뒤 먹이 섭취를 위해 바다로 나가 7월까지 돌아오지 않습니다. 그 사이 수컷이 두 달 동안 꼼짝 서서 알을 제 발등에 얹고 아랫배로 감싸서 품고 있습니다. 이 때 수컷은 아무것도 먹지 않고 알만 품기 때문에 체중이 40%나 줄어듭니다. 알이 부화될 무렵 암컷이 돌아오면, 수컷은 3주~5주 동안 바다로 나가 먹이를 섭취하고 옵니다. 수컷이 돌아온 뒤에는 부부가 함께 새끼를 돌봅니다. 새끼는 둥지에서

어미가 씹어 준 고단백의 크릴을 먹고 자라는데, 6주가 지나면 어미들은 탁아소를 만들어 새끼를 단체로 보호합니다. 10주~12주가 지나면 새끼는 털갈이를 해 까만 연미복을 갖춰 입고, 여름이 되어 새끼가 번식지를 떠날 시기가 되면 어미는 새끼에게 수영과 사냥 방법을 가르칩니다.

펭귄은 집단 생활이 발달되어 있어, 수천 마리가 무리를 지어 산다.

남극의 얼음은 어떻게 만들어졌을까?

남극을 뒤덮고 있는 만년빙은, 남극 주변의 바다에서 증발한 수증기가 대륙으로 이동하면서 최종적으로 눈 입자가 되어 얼음으로 변한 것입니다.

눈 입자는 미세한 구조를 가진 육각형의 결정인데, 눈이 내린 지 하루가 지나면서부터 미세한 세부 구조들은 사라지게 됩니다. 그리고 천천히 입자의 구조가 둥글게 변하고 알갱이 형태로 바뀌며, 이 알갱이들 사이에 상당한 양의 기포를 포함한 상태로 층을 이루게 됩니다. 이후 계속해서 눈이 쌓이면, 쌓인 눈의 압력 때문에 얼음으로 변형되기 시작합니다. 남극의 얼음 대부분이 수천 년에서 수십만 년 동안 이러한 과정을 통해 만들어진 것이며, 이 얼음들은 녹색이나 푸른색을 띠고 있습니다. 눈에서 얼음으로 바뀌는 현상은 내륙으로 들어갈수록 깊은 곳에서 일어나는데, 로스 빙붕에서는 약 35m~60m 정도의 깊이(눈이 내린 지 200년~300년 정도 지났을 때 도달하는 깊이)에서 얼음으로 바뀌는 데 비해 남극점에서는 약 100m 정도의 깊이(눈이 내린 지 1,000년 정도 지났을 때 도달하는 깊이)에서 얼음으로 변합니다.

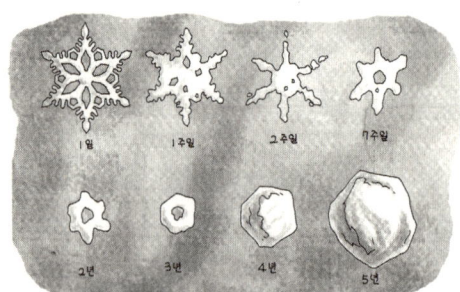

갓 내린 눈이 빙하빙으로 변해 가는 과정.

　서바이벌 과학상식이란 표제 하에 '황제펭귄의 극진한 새끼사랑'과 '남극의 얼음은 어떻게 만들어졌을까'가 다루어지고 있는데 제목에서 볼 수 있듯이 남극에 대한 탐구에 있어 매우 명료하고 선별적인 관심을 두겠다는 의도가 보이며 기술된 내용도 통상적인 수준의 예상을 뛰어넘는 각별하고 흥미로운 사실이 중심이다. 황제펭귄은 새끼가 태어나면 암컷이 먼저 홀로 바다로 떠나 1~2개월은 돌아오지 않고 대신 그 기간동안 수컷이 헌신적으로 새끼를 돌보는 데 아무것도 먹지 않은 채 알만 품기 때문에 체중이 무려 40%나 빠진다는 놀라운 내용이다. 또 남극의 얼음은 눈이 계속 쌓이면서 그 압력으로 어느 순간 변한 것인데, 놀랍게도 수천 년 혹은 수만 년 동안 이러한 과정을 통해 만들어졌다는 것이다. 실제로 로스 빙붕에서는 눈이 내린 지 200~300년 지났을 때 도달하는 깊이인 약 35~60m에서 얼음으로 바뀌고 남극점에서는 눈이 내린 지 1000년 정도 지났을 때 도달하는 깊이인 약 100m에서 얼음으로 변한다는 것이다.

　두 가지 사실 모두 우리들의 일상적인 상식을 넘어서는 것이어서 지적 호기심을 일깨우며, 흥미로운 사실이 주는 재미와 함께 지식과 정보가 명료하게 각인되는 효과를 거두고 있다. 취재할 자료의 선택이 갖는 중요성을 새삼 일깨우는 대목이다.

(4) 에듀테인먼트의 서사전략 4 ─〈신기한 스쿨버스〉와〈토마스와 친구들〉을 중심으로

❶ 변신과 미시, 그리고 Back to the Basics─〈신기한 스쿨버스〉

세계적인 에듀테인먼트 기업인 Scholastic 사는 1986년 조애너 콜의 글과 브루스 디건의 그림으로 '신기한 스쿨버스' 시리즈의 첫 권인『물방울이 되어 정수장에 갇히다』를 낸 이후 11권인『아놀드, 아인슈타인을 만나다』까지 과학의 원리와 개념을 쉽고 재미있게 정리하여 세계적인 베스트셀러를 탄생시켰다. 현재까지 전 세계에 5,300만 부 이상을 판매했으며 우리나라에서도 비룡소가 이 시리즈를 낸 이후 현재까지 700만여 부라는 경이적인 판매부수를 올렸다.

'신기한 스쿨버스' 시리즈는 과학적 사실들을 신선하고 재미있는 방식으로 전달한 작품의 완성도나 교육적 효과가 인정되어 국내외적으로 '워싱턴포스트지 논픽션 상', '데이비드 맥코드 문학상', '한국경제 신문 선정 2006년 대한민국 교육 브랜드 대상' 등을 수상하였다. 이 시리즈는 애니메이션으로도 제작되어 미국 PBS에서 처음 방영된 이후 전 세계 40여 개국에서 방영되었는데 우리나라에서도 EBS에서 2006년까지 세 차례에 걸쳐 방영되었다. 이 애니메이션 역시 미국에서 에미상, 국제교육협회상을 수상하였다.

신기한 스쿨버스

만화영화 <신기한 스쿨버스>는 생물학, 천문학, 기상학, 지구과학 등 과학의 전 분야를 다루면서도 과학의 지식을 쉽고 재미있게 전달함과 동시에 아동들의 지적 호기심과 상상력을 자극하는 데 성공한 것으로 평가된다. 개성 있는 캐릭터의 창조, 문학적 상상력이 뒷받침된 스토리 등 눈에 띄는 성공요인이 많지만 여기에서는 그 중 가장 핵심적이고 주목할만한 강점만을 살펴보려고 한다.

① 변신과 미시의 세계

'신기한 스쿨버스'는 과학에 관한 지식을 재미있게 전달하는 것이 주요한 목적의 하나이긴 하지만 동시에 과학은 즐거운 것이라는 인식이나 감성을 키우는 것 자체를 중시한다. 그래서 감상자가 과학적 사실을 접하는 동안 동화세계를 여행하는 듯한, 즉 꿈과 환상의 세계가 눈 앞에 펼쳐지는 듯한 느낌을 받도록 한다. 감상자는 구름이 되어 하늘을 날다가 비가 되어 다시 활강하고 곤충처럼 작아져 나비와 함께 모험을 한다. 또 유성처럼 우주공간을 날아다니기도 한다.

이 시리즈의 주요 수용자 층이라 할 수 있는 아동은 물론이고 모든 인간의 꿈인 자유로운 변신이 다채롭게 펼쳐지는 가운데 감상자는 인간의 육체적, 정신적 한계를 뚫고 자유롭게 시간적, 공간적 여행을 하며 공룡처럼 거대하게도 나비처럼 작게도 변신한다. 오랫동안 마음으로만 간직했던 본능적인 열망을 그럴듯하게 실현해보는 참으로 멋진 경험을 하게 되는 것이다.

그런데 이 멋진 경험을 '신기한 스쿨버스'가 성공적으로 수행하게 된 비결은 제목 그대로

마법을 갖고 있는 신기한 스쿨버스 때문이다. 달리 말해 자유로운 변신이 가능한 스쿨버스를 설정한 작가의 멋진 기획이 성공한 것이다. 우주공간을 광속으로 달리는 우주선이 되기도 하고 백만 년 전의 시대로 날아가는 타임머신이 되기도 하며, 공룡같이 부풀기도 하고 나비처럼 응축되기도 하는 놀라운 변신은 앞서 말한 인간의 자유로운 꿈을 보장해 주는 멋진 기제가 된다.

하지만 이런 설정은 한편으로는 황당한 설정으로 보일 수도 있는 함정을 갖고 있다. 필요에 따라 어색한 변신을 작위적으로 강요하는 것처럼 보일 수도 있다. 그러니 날씨와 인체 그리고 곤충 등에 관한 지식이나 관심을 제대로 만들어 내려면 문자 그대로 자유로운 변신을 기발하게 펼치면서도 그럴듯한 개연성을 잘 맞춰 주어야만 한다. 자칫 변신을 어색하게 다루면 자유로운 변신이 주는 꿈과 환상의 세계를 나는 듯한 충만한 만족감은 사라지고, 엉성하고 강요된 느낌의 감정만이 남게 된다. 동시에 과학적 현상이나 사실 등에 관한 정서적 체험이나 지식의 수용도 효과적으로 이루어질 수 없다.

바로 그런 점 때문에 변신의 주체로서의 스쿨버스의 설정은 절묘하다. 프리즐 선생이나 아놀드, 완다, 피비 등의 인물이 아니라, 기계이지만 친근한 대상인 스쿨버스를 변신의 주체로 설정하였다. 이 시리즈의 모든 편은 현장학습을 떠나는 것에서 시작된다. 학창시절 답답한 교실을 벗어나 산과 들로 또 박물관으로 향하던 현장학습은 항상 자유롭고 흥미 있는 학습체험이었는데 그때 탔던 스쿨버스는 멀리 그리고 자유롭게 벗어나고 싶은 꿈을 이루어 주던 친근하고 고마운 존재이다.

그러니 스쿨버스가 변신을 다소 극한까지 벌인다 하더라도 세상의 어떤 대상보다도 (특히

아동의 인식세계 내에 있는 어떤 대상보다도) 친
근한 감정은 여전할 것이고, 변신에 대해서도 상
대적으로 거부감이 없어 자연스럽게 받아들일 수
있을 것이다. 노란색과 화려하고 복잡한 장치로
치장한 스쿨버스가 변신을 위해 요란한 소용돌이
를 일으키는 순간 감상자의 머릿속에 잠재해 있
던 스쿨버스에 대한 기억이 살아나면서 맞장구를
치는 격이 될 것이다.

스쿨버스의 변신

그래서 신기한 스쿨버스는 우주를 탐험하고 인
체 내부 속을 휘젓고 다니며 구름처럼 하늘을 날아다니는 참으로 폭넓은 여행과 모험 그리고
탐구를 할 수 있게 되고, 아울러 그것은 감상자가 그 무한한 가능성의 세계를 정서적으로도
실감나게 체험할 수 있도록 만들어 준 것이기도 하다.

'신기한 스쿨버스'의 변신에서 특히 주목할 점은 그 크기를 한껏 줄여 미시의 세계를 들여
다 볼 수 있게 된 것이다. 즉 작은 생명체가 되어 이제까지 우리가 들여다 볼 수 없었던 혹은
감각할 수 없었던 세계를 새롭게 경험하게 해 주었다는 점이다. 이 시리즈 중 <곤충들의 세
계> 편에서 축소기의 광선을 쬔 스쿨버스가 곤충만큼 작아지자 그 안에 탑승했던 프리즐 선
생과 학생들 역시 작아진다. 늪지에서 곤충만큼 작아진 프리즐 선생과 학생들은 보통 인간의
눈높이에서는 결코 상상하거나 체험할 수 없었던 늪지와 그 곳 생물들의 세계를 생생하게 체
험하면서 곤충과 같은 입장에서 그들의 움직임과 모양이 어떤 의미와 실체를 갖는지를 새롭

게 바라보게 된다.

곤충처럼 작아진 그들이 사마귀 등의 곤충의 제왕으로부터 공격을 받았을 때 느끼는 공포감은 어떨지, 나방의 날개 끝에 화려하게 그려진 위장 눈이 얼마나 실감나게 두려움을 줄지, 또 애벌레가 뱀의 동작과 눈을 위장하여 나타날 때 그 순간적인 섬뜩함은 어떨지를 정서적이고 감각적으로까지 생생하게 체험하게 되는 것이다.

또한 <인체의 신비> 편에서는 학교 운동장에서 노란 회오리처럼 마구 돌아가면서 한없이 작아진 스쿨버스가 치즈과자를 먹고 있는 아놀드의 입속으로 의도적으로 들어가면서 음식물의 섭취에서 소화까지 이르는 인체의 구조와 기능을 실감나게 체험한다. 아놀드의 입안에서 롤러코스터를 탄 것처럼 식도로 진입한 스쿨버스는 위액이 강처럼 출렁이는 위를 거쳐 작은 판막을 지나 소장에 이르는데, 그 모든 과정에서 거대한 장애물이 생명을 노리는 정글을 지나는 것처럼 두려움과 놀라움 그리고 역겨움을 느껴 한 순간도 긴장을 놓치 못한다.

소장에 이르렀을 때의 만화영화 대본의 지문을 보면 "작은 창자 안은 지하철 터널만큼 넓고, 해초처럼 흔들거리는 소시지만한 융모들이 늘어서 있는 물 속 세계로 소용돌이치며 들어간다. 버스는 (터널에 비하면 자동차만한 크기) 돌고, 회전하고 표류하며, 이제는 버스-잠수함으로 변한다. 버스 안에서 키샤와 완다가 창밖을 내다보고 있다"로 되어 있어 제작자들이 스쿨버스나 그 안의 탑승자들이 음식물처럼 작아진 아니 음식물 자체가 된 시각에서 인체와 소화의 역동적이면서도 복잡한 실체나 과정을 체험하도록 배려하고 있음을 여실히 확인할 수 있다.

② 프리즐 선생과 Back to the Basics

'신기한 스쿨버스' 시리즈가 재미있는 비결 중 하나는 개성이 뚜렷한 캐릭터의 창출이다. 탐구적이고 항상 조사를 일삼는 도로시 앤, 겁이 많아 현장학습을 피하려는 아놀드, 궁금증을 못 참는 완다, 재담을 좋아하는 카를로스, 동물을 사랑하고 감성이 풍부한 피비 등 독특한 개

성을 가진 인물들이 많다. 또 캐릭터들은 치기를 보이거나 실수를 거듭하고, 남의 약점을 잡아 골리는 데 열을 올리기도 하지만 어려움에 닥치면 서로를 격려할 줄도 알고 배우는 데 호기심을 느끼기도 하는 등 유쾌한 공감을 자아내는 참으로 친근한 존재들이다.

그런데 그 중에서도 단연 가장 개성적이고 중요한 캐릭터는 프리즐 선생이다. 과학과 아이들을 사랑하는 프리즐 선생은 콘센트, 가위, 공룡, 뼈, 별 모양의 귀걸이와 개구리, 선풍기, 구름, 토성 등 화려하고 기괴한 문양의 옷을 착용하고 다니며 때로는 우주복, 잠수복 등을 입고 탐험에 나서기도 한다. 외양 자체가 호기심을 끌며 매번 아이들의 궁금증과 탄성을 자아낸다. 마치 색깔과 모양이 화려하고 해괴한 치장으로 학생들의 지루함을 몰아내고자 애쓰는 의욕적이고 유쾌한 선생님의 시범사례를 보는 느낌이다. 또 프리즐 선생은 특

프리즐 선생

유의 낙관적 성격으로 늘상 새로운 모험을 이끌어 내며 어떤 어려움 속에서도 희망을 잃지 않는다.

그런데 학생들의 현장학습을 이끌며 교육적 상황을 연출하고 과학의 개념이나 원리에 대해 충고하는 프리즐 선생의 위치는 사실 '신기한 스쿨버스'라는 에듀테인먼트의 주목적인 교육의 수월한 전달을 책임지는 주체가 될 수밖에 없다. 그만큼 중요한 인물이라 하겠는데, 여기서 프리즐 선생의 독특한 교육방식이 매우 중요한 사실을 만들고 있다.

프리즐 선생은 학생들과 함께 과학적 지식을 탐구하고자 신기한 스쿨버스를 이끌고 새로운 모험, 즉 새로운 교육적 환경을 만든다. 인체 내부를 탐구하고자 스쿨버스를 축소시켜 인간의 몸속으로 침투시키며, 날씨를 탐구하고자 스쿨버스를 타고 하늘로 올라 아이들과 함께 구름이나 비가 되기도 한다. 그런데 그런 탐구의 과정에서 프리즐 선생은 결코 아이들의 탐구를 선도하거나 과학적 지식을 미리 설명하며 주입시키지 않는다.

오히려 프리즐 선생은 그 모험을 아이들보다 더 신이 나서 즐길 따름이며 간혹 용기를 북돋거나 피치 못할 경우 탐구의 방법에 관해 간단한 조언만 건넨다. 이것은 프리즐 선생의 확고한 교육관과 연결되는데 학생들 스스로 탐구하고 아울러 탐구하는 자세를 즐기는 것이 중요하다는 믿음에 기인한다. 잡다하고 난해한 과학적 사실과 원리 개념적 형태 그대로 머릿속에 주입하기보다는 기초적이고 핵심적인 것을 감각적이고 정서적인 차원으로까지 확대하여 느끼고 체험하도록 하는 입장이다.

이것은 사실 프리즐 선생의 입장이자 글 작가 조애나 콜과 그림 작가 브루스 디건의 교육철학이기도 하다. '신기한 스쿨버스'를 제작해 온 20여 년 동안 두 작가는 감상자들이 쉽고 재미있게 과학적 사실들을 이해할 수 있는, 즉 즐겁고 밝은 환경 속에서 쉬운 교수법을 통해 재미있게 학습할 수 있는 방식을 견지해 왔다고 한다. 이것은 곧바로 학문중심의 과학 교과 과정에 반발하여 난해하고 학습자의 흥미를 떨어뜨리는 교과내용을 배제하고, 기본에 충실하면서도 유용한 과학이 필요하다는 또 교과 간 관련성을 찾아내어 종합적인 방법을 모색하자는 1970년대 미국에서 강조된 'Back to the Basics' 운동과 일치한다. 두 작가 역시 이 사실을 인정하고 있다.

때문에 '신기한 스쿨버스'에서 주목할 점 하나는 보통의 교과서나 학습도구가 아닌 에듀테인먼트로서의 교과서나 학습도구라면 특정 학문에 대한 난해하고도 잡다한 지식이나 정보를 통째로 전달하려는 과욕으로부터 벗어나야 한다는 점을 잊지 말아야 한다는 것이다. 우리나라의 출판물 혹은 멀티미디어 에듀테인먼트가 갖고 있는 약점 중 하나는 특정 교과 혹은 학문 분야에 대한 지식을 전반적으로 다루어야 한다는 강박관념에 사로잡힌 나머지 우격다짐식으로 재미 혹은 흥미를 사장시키면서까지 지식과 정보를 과다하게 노출시키려 한다는 것이다.

사실 '신기한 스쿨버스'의 각 편에서 전달되는 지식이나 정보의 양은 매우 한정되어 있다. 예를 들어 <날씨의 탐구> 편에서는 날씨를 만드는 것이 공기, 열, 물이란 정도이며, <인체의 신비> 편에서는 입, 식도, 위, 장의 기능이나 구조에 관한 가장 기본적인 상식을 나열한 정도이다. 따라서 '신기한 스쿨버스'의 힘은 가장 기본적이고 핵심적인 사실들을 매우 흥미로운 사건을 통해 요령 있게 전달하고 우리가 직접 몸으로 체험한다는 탐구의 즐거움을 선사하며 이제까지 상상치 못했던 새로운 시각으로 대상을 들여다본다는 점에 있다. 바로 이러한 것들이 우리나라의 에듀테인먼트 제작자들이 관심 있게 지켜보아야 할 점이다.

❷ 기관차와 모험이야기-〈토마스와 친구들〉

월버트 오드리의 '토마스와 친구들'은 그가 1973년 은퇴할 때까지 총 26권의 책으로 발표되었으며, 1983년부터는 그의 아들 크리스토퍼 오드리가 뒤를 이어 제작해 현재까지 총 40여 권의 책으로 출간되었다. 기관차들을 의인화해 어린이들에게 자연과 삶에 대해 지식과 교훈을 전해준 이 시리즈는 미국에서만 판매부수가 2천 5백만 부, 전 세계적으로는 8천만 부가 넘는 베스트셀러가 되었다.

또 이 시리즈는 〈깨달음을 주는 이야기 편〉, 〈자연과 친해지는 이야기〉, 〈친구사랑 이야기 편〉 등의 주제 하에 애니메이션으로 제작되어 큰 인기를 끌었다. 전 세계 130여 개 국에서 TV로 방영되었는데, 우리나라에서도 EBS에서 2004년도부터 방영되었다. 영국의 'BAFTA상' 수상, 미국의 '어린이용 TV 작품상', 캐나다의 'Gemini가 뽑은 최고의 어린이 프로그램' 등 많은 수상 경력을 갖고 있다.

① 기관차와 모험이야기

'토마스와 친구들'은 신선하고 재미있는 발상이 돋보이는데, 주인공들을 기관차로 설정했다는 점이 우선 눈에 띈다. 즉 기관차들을 성격과 표정 그리고 행동을 갖는 생명체로 의인화해 재미있고 생동감 넘치는 이야기를 풀어간다는 점이 돋보인다. 기관차는 서구인들에게 산업혁명을 상징하면서 결정적으로는 서구의 발전 혹은 우월한 지배력을 보여준다는 점에서 각별한 애착을 불러일으키기도 하지만, 무엇보다도 각 편의 상영시간이 5분 내외인 이 시리즈

에서 기차의 역동적인 움직임이 애니메이션의 빠르고 힘
있는 전개를 보장하기 때문에 태생적인 강점을 갖고 있다.

특히 산과 들과 바다가 어우러진 소도우 섬이라는 공간
에서 기관차들의 일상을 다룬다는 점은 특별한 사건을 낳
게 한다. 즉, 기차가 때로는 거칠기까지 한 빠른 속도로 매
우 낭만적인 풍경 속을 누빔으로써, 그 낭만적 풍경과 위험
한 모험이 대립되는 것이다. 산과 들 그리고 바닷가를 쉼
없이 빠른 속도로 움직이는 기관차들은 폭풍우나 산사태와
같은 자연재해뿐만 아니라 다른 기관차, 버스, 사람, 동물들
과의 빈번하고 위험한 사고에 항상 노출되어 있다.

토마스와 친구들

그래서 시련을 통해 성장해가는 성장통을 그리는 이야기
에는 천혜의 조건을 갖추고 있는 셈인데, 빠르고 격렬하게 때로는 시간에 쫓기며 자연에 그대
로 노출된 채 공간을 누벼야 하는 기관차들이 마주치는 시련이라는 것이 매우 구체적이고도
극적인 것이어서 시련의 심각성, 아픔 그리고 그것을 극복하는 희열이 매우 강렬할 수밖에 없
다. 따라서 기관차를 주인공으로 설정했다는 점은 각별하고도 의미 있는 설정인 셈이다.

이야기의 구조면에서 보면, '토마스와 친구들'은 매우 전형적인 구조를 갖는다. 각 시리즈
의 초점이 자연에 대한 이해, 지구의 소중함, 깨달음의 지혜 등으로 달라도 이야기의 구조는
모두 유사하다. 구체적으로 지적해 보면 그 구조는 '임무 → 시련 → 극적 계기 → 극복'의 형태
로 나타난다. 이것을 시리즈의 각 편을 통해 구체적으로 도표화해 보면 다음과 같다.

애니메이션 〈토마스와 친구들〉의 서사구조

제 목	임 무	시 련	극적 계기	극 복
퍼시의 경고	화물운송, 토마스의 구출	흙더미에 묻힌 토마스	안개비로 인한 자연재해를 경고하던 퍼시가 구출	자연재해에 대한 경각심, 타인의 충고를 존중
토비의 풍차	방앗간의 화물운송	부주의로 풍차와 충돌. 번개에 쓰러진 풍차	폭풍우로 쓰러진 나무로 새 풍차를 만들자는 제안	교통안전에 대한 주의, 희망의 소중함
섬으로 가는 길	칼란 경의 잔치에 쓸 장식품 운송	산사태로 기관차 조난	하비가 위험을 무릅쓰고 구조 기중기를 싣고 가 구조	산사태 같은 자연재해의 심각함, 타인에 대한 배려
솔티의 폭풍주의보	제련소의 기관차 운송, 조난당한 배를 구조	폭풍우로 배가 조난당함	기관차의 발전기를 이용해 조난당한 배의 등대 역할을 함	타인의 충고를 존중
마을을 구한 토비	댐의 붕괴를 알림	댐의 붕괴, 조난	조난당한 토비를 해럴드와 퍼시가 구출	사명감, 협동심의 중요성
길을 잃은 스테프니	채석장의 화물운송	밤길과 안개로 조난	폐차처리장에서 폐차로 오인돼 분해될 순간에 사장이 나타나 구출	성실의 소중함, 타인에 대한 배려
용감한 잭	붕괴되는 다리를 자신의 몸체로 떠받침	다리의 붕괴와 그 위에 남겨진 토마스	잭이 생명의 위험을 무릅쓰고 토마스를 구하기 위해 다리를 몸체로 버팀	헌신적 희생의 소중함
거만한 크랭키	기중기를 구조	폭풍우로 배 조난, 기중기가 쓰러짐	기중기의 놀림을 받던 기관차들이 배와 충돌해 쓰러진 기중기를 구함	타인의 가치를 인정해야 함
진정한 우정	조난당한 제임스를 구함	비바람에 조난당한 제임스	제임스의 놀림받던 토마스가 제임스를 구출	겸손의 소중함
일벌레 퍼시	제철소, 탄광의 화물운송	화물차가 탄광갱도와 부딪혀 탄광붕괴	무너지는 탄광의 흙더미를 헤쳐나감	근면과 책임감의 소중함

　'토마스와 친구들' 시리즈에서 각 편은 구체적인 임무가 제시되는데, 일과 근면함의 소중함이나 희생과 협동의 강조와 관련된 분명한 임무이다. 흔히 사장의 단호하고 분명한 어조로 전달되는 이 임무는 일과 근면함을 강조하기 위해 화물이나 사람 그리고 다른 기관차를 운송하거나 안전을 살피는 것, 희생과 협동을 강조하기 위해 조난에 빠진 다른 기관차나 버스 그

리고 배 등을 구조하는 것으로 나타난다.

시련은 대부분 폭풍우, 안개, 홍수 등과 관련된 자연재해나 자만심, 타인에 대한 경멸감, 부주의와 같은 인격적 결함에서 발생된 열차충돌, 댐의 붕괴, 조난 등으로 나타나 매우 극적이고 긴박감 넘치는 장면을 연출하며 자연재해와 인재 혹은 인격적 결함의 위험성에 대한 경고혹은 그로부터 얻게 되는 교훈을 강렬하게 각인시키는 작용을 한다. 사실 5분이라는 러닝타임 동안 서사적 구조의 단순성, 반복성에도 불구하고 감상자가 긴박감 넘치는 몰입감을 갖고감상하게 되는 주된 요인도 시련의 자극성, 긴박감 등에 기인한다.

극적 계기는 시련을 극복하는 과정이 극적이면서도 복선이 깔린 설정이란 점에서 발생한다. 즉 위기가 평상적인 구원자나 구원방식으로 극복되는 평범하고 타성적인 해결방식으로만끝나지 않는다는 것이다. 예를 들면, 위기에 빠진 피해자가 평소 무시하던 대상으로부터 구원을 받게 되는 역전적 상황을 만들고, 폭풍우로 조난당한 배를 인도해야 할 등대가 고장 나자구조요청을 받은 기관차가 자신의 발전기를 이용해 조난당한 배의 등대역할을 하는 기발한발상을 보이며, 생명의 위험을 무릅쓰고 무너지는 다리를 떠받쳐 동료 기관차를 구하는 비장감을 보이는 등 이야기에 극적 긴장감이나 흥미로움을 유발하는 장치를 마련하고 있다.

'토마스와 친구들' 시리즈는 늘 자연에 대한 이해와 삶에 대한 따뜻한 교훈을 담는다는 점에서감동을 불러온다. 자연은 우리에게 멋진 풍광과 아름다움을 선사하는 친근한 존재이기도 하지만위협적인 재난을 불러오기도 하는, 그래서 늘 겸손하게 지켜보아야 할 경외의 대상이다. 이 시리즈는 그것을 반복하여 강조한다. 아울러 타인을 배려하고 자신을 낮추는 겸손함, 위험을 무릅 쓰고 타인을 지키는 희생적 정신, 그리고 성실하고 근면하게 일을 해야 하는 필요성도 강조한다.

② 유년의 두려움

'토마스와 친구들'이 긴장감 있게 감상되는 한 가지 이유는 이 시리즈의 주된 소비층인 유년 특유의 두려움을 적절히 활용하면서도 그것의 해소가 가져다주는 안락감을 증폭시킨 설정 때문이다. 사실 유년의 가장 큰 두려움이란 자신이 버려질지도 모른다는, 자신만 홀로 남겨질지도 모른다는 '분리불안'일 것이다. 이 시리즈에서 주인공이라 할 기관차들은 자신들이 쓸모 없어져 버려질지도 모른다는 불안감에 쌓여 있다. 새로운 기능과 멋진 외관으로 치장한 새로운 디젤 기관차들의 등장에 흠칫 놀라고, 철길을 드러내고 그 위에 도로를 깔며 등장하는 자동차의 위협에 불안해한다. 방앗간 주인 같은 이용자가 화물을 다른 교통기관에 넘길까봐, 승객이 버스나 헬리콥터 같은 다른 수송기관을 택할까봐, 철도회사 사장이 다른 신형 디젤기관차를 도입할까봐 전전긍긍하고 불안한 것이다.

그렇기 때문에 주인공인 기관차들은 더욱 열심히 일하지만 자신들이 버려져 홀로 남겨질지도 모른다는 불안감을 떨치지 못한다. 그것은 한편으로 주인공의 지속적인 위기를 초래하는, 그래서 극적 긴장감을 조성하는 역할을 한다. 자연히 감상자인 아동층은 자신들의 심리적 근저에 깔린 '분리불안'에 싸인 주인공들에 깊이 몰입되며 초조에 가까운 긴장감을 느끼게 된다.

유년의 두려움을 활용하는 두 번째 기제는 죽음이나 불가시의 세계와 관련된 유령이야기의 설정이다. 흔히 '안개 끼고 비 오는 밤 홀연히 나타나는 유령'이라는 옛날이야기가 주는 공포가 이 시리즈에서 거듭 활용된다. 기관차는 자신의 임무를 수행하러 먼 길을 떠나면서 다른 기관차나 기관사로부터 유령이야기를 전해 듣고 오싹한 기분을 느끼지만 애써 태연한 척을 한다. 하지만 도중에서 비가 오고 안개 낀 밤, 알 수 없는 일들이 벌어지고 유령의 출몰

꿈누리 문화콘텐츠 총서 13

180

을 확신한 기관차들이 한바탕 소동을 벌이게 된다. 영락없이 유령이야기에 숨을 조이며 두려움에 떠는 아동들이 기관차란 옷만 바꿔 입고 이 시리즈에 걸어들어 온 셈이다. 스산한 소리와 안개와 비 그리고 칠흑 같은 어둠이 어우러진 영상은 기관차들의 모험이야기를 더욱 극적인 긴장감 속으로 몰아간다.

그런데 작자는 유년의 두려움을 적절히 활용하면서도 한편으로는 그 두려움을 매우 현실적인 근거나 상황을 들어 해소함으로써 공포가 완전하게 해결된 안락감과 만족감을 높이고 있다. 실례로 <친구사랑 이야기> 편의 '안개 속의 유령'에서 기관차 헨리는 안개 낀 밤 화물운송을 맡게 되는데 역시 소문대로 으스스해서 겁을 먹는다. 이윽고 나뭇가지 위에 낯선 등불이 걸리고 고가다리를 조심하라는 팻말이 보이며 잠시 후엔 또 다른 나뭇가지 위에 사람 옷이 걸려 있자 공포감을 느끼게 된다. 멀리 초가집에서는 등불이 깜박거려 영락없이 유령이 출몰한 느낌을 준다. 기관차 헨리는 정신없이 피신하지만 다음날 다시 나선 길에서 똑같은 상황이 연출됨으로써 공포가 점점 극에 달한다.

하지만 건널목 문이 저절로 닫히고 신호등이 빨간 불로 바뀌면서 화물차가 절벽 아래로 추락하는 사고 끝에 나타난 낯선 인물은 그곳을 홀로 지키며 사고의 위험을 알리려 애쓰던 사람임이 밝혀진다. 철도회사는 그 철길의 위험성을 인지하고 지금은 폐쇄된 역을 복구하기로 결정하며, 그 낯선 인물을 역무원으로 임명한다. 유령이 가져다 준 공포를 적절히 활용하면서도 그것이 허황된 '유령의 세계' 속 사건이 아니라, 철도현장에서 자연스럽고도 구체적으로 빚어진 일임을 확인시킴으로써 공포감과 긴장감을 확실하고도 안락하게 해소하는 전략을 취하고 있는 셈이다.

참고문헌

1. e-러닝(e-Learning)

강명희, 「미래 교육의 모습을 통해 본 향후 e-러닝 정책 방향」, 2005년 e-러닝정책 포럼(제3회), 한국교육학
　　술정보원, 2005.
강인애, 「컴퓨터 네트워크에 의한 수업과 구성주의 : 교육적 활용과 의미」, 정보과학회지 제14권 제12호,
　　한국정보과학회, 1996.
강인애, 『디지털 시대의 학습 테크놀로지』, 문음사, 2006.
교육인적자원부, 「2006년도 교육정보화촉진시행계획(안)」, 2005.
교육인적자원부, 「초·중등학교 정보통신기술 교육 운영지침 개정안 해설서」, 2006.
김희배·박인우·최욱, 「학교현장에서의 e-러닝에 대한 수요자 요구 분석 - 교사와 학생의 인식 및 태도를
　　중심으로」, 교육정보미디어연구 제11권 제4호, 한국교육정보미디어학회, 2005.
백수희, 「e-러닝 환경에서 상호작용 증진을 위한 상호작용 기능의 설계 및 구현」, 디지털디자인학연구 제
　　10권, 한국디지털디자인학회, 2005.
서태원 외, 「교실수업-사이버학습 연계를 위한 커뮤니티 기반 교수·학습 모형 개발 연구」, 연구보고 KR
　　2003-22, 한국교육학술정보원, 2003.
송상호 외, 「초·중등교육에서 e-러닝 활성화를 위한 주체별 역할과 지원전략 연구」, 교육정보미디어연구
　　제11권 제4호, 한국교육정보미디어학회, 2005.
이상영 외, 「국가인적자원 개발을 위한 e-러닝법 제정 방향 연구」, 연구보고 KR2004-9, 한국교육학술정보
　　원, 2004.
이인숙, 『e-러닝 : 사이버 공간의 새로운 패러다임』, 문음사, 2002.
이종기·이장형, 『학업성과향상을 위한 사이버학습 성공전략』, 삼우사, 2005.
이희수, 「e-러닝을 통한 국가인적자원개발 추진전략 실행계획(시안)」, 2005년 e-러닝 정책 포럼(제7회), 한국
　　교육학술정보원, 2005.

임병노, 「초·중등교실에서의 e-러닝과 탐구」, 교육발전연구 제20권 제1호, 경희대학교 교육발전연구원, 2004.

임철일, 『원격교육과 사이버교육 활용의 이해』, 교육과학사, 2003.

조인진 외, 「해외 e-러닝 실태 조사·분석 연구 : 초·중등교육 중심」, 연구보고 CR 2005-19, 한국교육학술 정보원, 2005.

조일현, 「기업 e-러닝 Trends」, 임금연구 제12권 제2호, 한국경영자총협회, 2004.

주영주·주은순, 『교육과 정보화』, 남두도서, 2002.

한국교육학술정보원, 「e-Learning 발전 체계도」, 2004.

한국사이버교육학회 편, 『2004 이러닝 백서』, 산업자원부·한국전자거래진흥원·한국사이버교육학회, 2005.

한태명 외, 「How to ICT : 국어과 ICT 활용 교수·학습 방법 및 자료 개발 연구」, 연구보고 RR 2003-1, 한국교육학술정보원, 2003.

홍경선, 『교사를 위한 e-Learning 입문』, 문음사, 2004.

Clark, R. C. & Mayer, R. E., *e-Learning and Science of Instruction : Proven Guidelines for Consumers and Designers of Multimedia Learning*, 2003, 조일현 외 공역, 『e-러닝과 교수 과학』, 아카데미프레스, 2006.

Jonassen, D. & Mandl, H.(ed.), *Designing Hypermedia for Learning*, 1989, 김동식 외 편역, 『하이퍼미디어 연구에서의 쟁점』, 원미사, 1999.

Khan, B. H., *E-Learning strategies*, 2004, 강명희 외 편역, 『이러닝 성공전략』, 서현사, 2004.

Moore, M. G. & Kearsley, G., *Distance Education : A Systems View*, 1996, 양영선·조은숙 공역, 『원격교육의 이해와 적용』, 예지각, 1998.

2. 에듀테인먼트(Edutainment)

1. 자료

『노빈손 시리즈』, 뜨인돌 사
『살아남기 시리즈』, 아이세움 사
『앗 시리즈』, 김영사
<신기한 스쿨버스>, Scholastic 사
<토마스와 친구들>, C4U 사

2. 기사, 논문, 저서

강현구, 「문화콘텐츠 개발을 위한 문학창작론」, 『한국현대문예비평연구』20집, 2006. 8.
강심호, 『디지털 에듀테인먼트 스토리텔링』, 살림, 2005.
김성곤, 「팩션은 어떻게 대중을 사로 잡았는가」, 『히스토리언』, 김영사, 2005.
김창남, 「심슨가족, 그 짙은 블랙유머에 반하다」, 오마이뉴스, 2006.6.30.
댄 브라운, 『다빈치 코드』, 양선아 역, 베델스만 코리아, 2004.
메튜 펄, 『단테클럽』, 이미정 역, 황금가지, 2004.
박 진, 「우리는 왜 팩션에 열광하는가」, 『문학과 사회』, 2005, 겨울호.
이규형, 『일본을 읽으면 돈이 보인다』, 서울문화사, 2001.
이안 콜드웰, 『4의 규칙』, 랜덤하우스 중앙, 2004.
이인화 외, 『디지털 스토리텔링』, 황금가지, 2003.
저우위치, 『부채의 운치』, 박승미 역, 산지니, 2006.
조셉 캠벨, 『천의 얼굴을 가진 영웅』, 이윤기 역, 민음사, 2004.
차효라, 「학습만화, 에듀테인먼트 시장의 공룡」, 창비 웹진 33호, 2004.3.
크리스토퍼 보글러, 『신화, 영웅, 그리고 시나리오 쓰기』, 무우수, 2005.
한국게임산업개발원 편, 『교육용 게임시장 분석 및 개발전략』, 정일, 2005.